Personalarbeit – Markenzeichen eines jeden Unternehmens

Gerhard Hölzerkopf

Personalarbeit – Markenzeichen eines jeden Unternehmens

Ein Plädoyer für verantwortungsvolle Führung

Gerhard Hölzerkopf
Wiesbaden, Deutschland

ISBN 978-3-658-13131-9   ISBN 978-3-658-13132-6 (eBook)
DOI 10.1007/978-3-658-13132-6

Die Deutsche Nationalbibliothek verzeichnet diese Publikation in der Deutschen Nationalbibliografie; detaillierte bibliografische Daten sind im Internet über http://dnb.d-nb.de abrufbar.

Springer Gabler
© Springer Fachmedien Wiesbaden GmbH 2017
Das Werk einschließlich aller seiner Teile ist urheberrechtlich geschützt. Jede Verwertung, die nicht ausdrücklich vom Urheberrechtsgesetz zugelassen ist, bedarf der vorherigen Zustimmung des Verlags. Das gilt insbesondere für Vervielfältigungen, Bearbeitungen, Übersetzungen, Mikroverfilmungen und die Einspeicherung und Verarbeitung in elektronischen Systemen.
Die Wiedergabe von Gebrauchsnamen, Handelsnamen, Warenbezeichnungen usw. in diesem Werk berechtigt auch ohne besondere Kennzeichnung nicht zu der Annahme, dass solche Namen im Sinne der Warenzeichen- und Markenschutz-Gesetzgebung als frei zu betrachten wären und daher von jedermann benutzt werden dürften.
Der Verlag, die Autoren und die Herausgeber gehen davon aus, dass die Angaben und Informationen in diesem Werk zum Zeitpunkt der Veröffentlichung vollständig und korrekt sind. Weder der Verlag noch die Autoren oder die Herausgeber übernehmen, ausdrücklich oder implizit, Gewähr für den Inhalt des Werkes, etwaige Fehler oder Äußerungen.

Lektorat: Ulrike M. Vetter

Gedruckt auf säurefreiem und chlorfrei gebleichtem Papier

Springer Gabler ist Teil von Springer Nature
Die eingetragene Gesellschaft ist Springer Fachmedien Wiesbaden GmbH
Die Anschrift der Gesellschaft ist: Abraham-Lincoln-Strasse 46, 65189 Wiesbaden, Germany

*Personalarbeit ist stets auch ein beruflicher
Fingerabdruck einer Führungskraft*

(GH)

Geleitwort

Spannende Lektüre, kein Buch mit sieben Siegeln, legt uns der Autor Gerhard Hölzerkopf hier zum Thema „Personalarbeit – Markenzeichen eines Unternehmens" vor.

„Personalarbeit ist der berufliche Fingerabdruck einer Führungskraft", ergänzt der Autor.

Was beinhaltet dieser Fingerabdruck, ist dieser einzigartig, unveränderlich oder kann er doch verändert werden, und wenn ja, in welcher Weise?

Interessante Fragen, die sich bei der Lektüre erschließen werden; dies nicht nur für Führungskräfte mit Fingerabdruck und Personalverantwortung, sondern unter anderem auch für Mitarbeiter, insbesondere für solche mit Potenzial zur Führungskraft, die noch an ihrem Fingerabdruck arbeiten, sowie für Unternehmensstrategen.

Aus der Praxis – für die Praxis, dies auf festem theoretischem Fundament, wie schon ein Blick in das folgende Vorwort und in das Inhaltsverzeichnis zeigt.

„Personalarbeit – Markenzeichen eines jeden Unternehmens".

Diese Verbindung begeistert den Patentanwalt, der den Autor seit vielen Jahren begleitet.

Beispiele für Markenrechte sind bekannt, die renommierte Waren und/oder Dienstleistungen von Unternehmen schützen und jeden Tag rund um die Uhr und rund um den Globus Tausende von potentiellen Kunden und Geschäftspartner ansprechen.

Solche Markenrechte, unter anderem Firmennamen, können bemerkenswerte Markenwerte bilden, wobei die wertvollsten Marken im Bereich mehrerer Milliarden US-Dollar liegen.

Markenzeichen wirken aber nicht nur von den Unternehmen nach außen auf den Markt, sondern auch nach innen auf die Mitarbeiter der Unternehmen. Und hier schließt sich der Kreis: Unternehmerische Personalarbeit wirkt nicht nur nach innen, sondern auch nach außen, auf Geschäftspartner und Kunden.

Erfolgreiche Personalarbeit zu leisten und ansprechende Markenzeichen zu erarbeiten – zwei Mosaiksteine, die für erfolgreiche Unternehmen unverzichtbar sind.

Hierbei und bei der Lektüre dieses Buches viel Spaß und wertvolle Impulse!

Dr. Peter Dosterschill
Patentanwalt

Vorwort

Für ein Unternehmen Verantwortung zu tragen, ist ein Lebensstil

(Unternehmer eines Weltmarktführers).

Warum ist die Personalarbeit oder auf Neuhochdeutsch das Personalmanagement in der überwiegenden Zahl der Unternehmen mit einem so niedrigen Stellenwert versehen, dass es von vielen Entscheidungsträgern kaum wahrgenommen wird? Und warum werden „Personaler" in vielen Unternehmen erst in der zweiten Reihe angesiedelt?

Antworten hierauf sind schnell gefunden. Doch ändern sie nichts an der Tatsache, dass vielen Entscheidungsträgern in einem Unternehmen der tatsächliche ökonomische wie auch soziale Nutzen effektiver Personalarbeit kaum sichtbar gemacht wird. Hinzu kommt, dass in die fachliche Ausbildung beziehungsweise Qualifizierung einer Führungskraft die Management-Anforderungen, insbesondere die Mitarbeiterführung, in den wenigsten Fällen ausreichend mit einbezogen wird.

Doch in Zeiten des ständigen Umbruches, friktioneller Berufswege und zunehmender Ungewissheiten zukünftiger Entwicklungen ist es umso erforderlicher, gerade die beiden Komponenten Management-Kompetenz generell und die Personalführung im speziellen stärker in den Fokus der Aufgabenstellung einer Führungskraft zu rücken. Denn die damit einhergehende Verantwortung kann nur dann effektiv wahrgenommen werden, wenn die Folgen einer unzureichenden beziehungsweise nicht effektiven Personalarbeit im Unternehmen und damit auch für die Führungskraft sichtbar und damit transparent auch in ökonomischen Größenordnungen gemacht werden.

Und genau darin liegt ein weiterer Ansatz dieses Buches. Zum einen wird darin auf praktische Weise die Quantifizierbarkeit der Personalarbeit aufgezeigt. Denn die Personalarbeit kann mittlerweile hinsichtlich qualitativer und quantitativer Merkmale in ihrer Wertigkeit messbar dargestellt werden. Hierzu werden einfache und vor allem transparente und damit auf Anhieb nachvollziehbare Kriterien dargelegt.

Zum anderen wird in den dann folgenden Schritten aufgezeigt, wie die Personalarbeit hinsichtlich betriebswirtschaftlicher wie auch sozialer Komponenten das Gesamtergebnis eines Unternehmens merklich beeinflusst, und zwar auch anhand von Daten.

Denn die oft vorherrschende Meinung, dass Personalarbeit und die damit verbundene Personalführung nicht messbar seien, kann schon seit Jahren eindeutig widerlegt werden, und dies zum Nutzen des Unternehmens wie auch der Mitarbeiter.

Gerade dieser zweite Aspekt, nämlich die Führungskompetenz einschließlich der Sozialkompetenz gegenüber den Mitarbeitern steht neben dem ökonomischen Gesichtspunkt im Fokus dieses Buches, wobei sich die Gewichtung beider Komponenten je nach den dargelegten Fragestellungen verändert.

Wie der Buchtitel schon zum Ausdruck bringt: „Personalarbeit – Markenzeichen eines jeden Unternehmens – ein Plädoyer für verantwortungsvolle Führung" wird mit diesem Buch folgender Versuch unternommen: *Die oft unterschätzte Bedeutung und Steuerungsmöglichkeit der Personalarbeit auf das Leistungsergebnis eines Unternehmens aufzuzeigen. Denn die Personalarbeit beeinflusst das Ergebnis eines Unternehmens weitaus mehr, als viele meinen. Und dies gilt für jedes Unternehmen, und zwar unabhängig von seiner Betriebsgröße.*

Geschrieben ist dieses Buch deshalb in erster Linie für Vorgesetzte, Führungskräfte, Manager sowie für Interessierte an dieser Themenstellung. Denn viele Führungskräfte, vom Vorgesetzten bis hin zur Geschäftsführung beziehungsweise Vorstand, sind häufig der Auffassung, dass alleine die Personalabteilung für die gesamte Personalarbeit im Unternehmen, im Betrieb oder in der Institution verantwortlich sei. Doch dies ist allzu oft ein Trugschluss.

So liegt vor allem in einem professionellen Zusammenwirken beider Seiten, nämlich die Führungskräfte auf der einen Seite und der Personalbereich auf der anderen Seite, vielerorts der entscheidende Schlüssel für das Gelingen eines positiv besetzten Markenzeichens „Personalarbeit" eines Unternehmens, und zwar nach innen wie nach außen.

Von daher kann dieses Buch einen möglichen Beitrag für ein besseres Verständnis im Hinblick auf eine professionelle Personalarbeit leisten, verbunden mit Handreichungen und praktischen Handlungsempfehlungen.

Inhaltsverzeichnis

Abbildungsverzeichnis XIII

Der Autor XV

1 Einführung 1
 1.1 Nutzungsmöglichkeiten dieses Buches 2
 1.2 Personalarbeit – Teil der Führungsleistung 3
 1.3 Personalarbeit – Markenzeichen eines Unternehmens 4
 1.4 Zielgruppe dieses Buches 6
 1.5 Grundsätze professioneller Personalarbeit 7
 1.6 Danksagung 9

2 Eckpunkte des Buches 11
 2.1 Zielsetzung 11
 2.2 Begriffs-Dimensionen 15
 2.3 Aufbau des Buches 17
 2.4 Zielgruppe und Anwendungsmöglichkeiten 19
 Literatur 21

3 Personalarbeit zwischen Wunsch und Wirklichkeit 23
 3.1 Idealtypische Entwicklungsphasen des Personalmanagements 24
 3.2 Human Ressource – Umfrageergebnisse 26
 3.3 Thesen als Arbeitshypothesen 30

4 Herausforderungen an professionelle Personalarbeit 33
 4.1 Erforderlichkeiten einer professionellen Personalarbeit 34
 4.2 Konzentration auf Kernfunktionen 35
 4.3 Verbesserte Betriebsergebnisse mittels professioneller Personalarbeit 37
 4.4 Verantwortung – Kern jeglicher Leistung/Führung 38
 Literatur 40

5 Systematik im Personalmanagement 41
 5.1 Generelle Erfordernisse systematischer Personalarbeit 41
 5.2 Integrativer Modellansatz 43
 5.3 Träger der Personalarbeit 48
 5.4 Arbeitsteilung im HR-Management 49

	Literatur	51
6	**Schwerpunkte eines ganzheitlichen Personalmanagements**	**53**
	6.1 Strategische Positionierung und Zielsetzungen	54
	6.2 Funktionsbewertung	55
	6.3 Personalentwicklung	56
	6.4 Entgeltfindung	56
	6.5 Beurteilungswesen	57
	6.6 Mitarbeiterführung	62
	6.7 Personalcontrolling	65
	Literatur	68
7	**Handlungsempfehlungen aus der Praxis für die Praxis**	**69**
	7.1 Arbeitshypothesen auf dem eigenen Prüfstand	71
	7.2 Zusammenwirken zwischen Führungskraft und Personalbereich	77
	7.3 Personalführung – ein wesentlicher Teil der Personalarbeit im Unternehmen	84
	Literatur	88
8	**Ausblick und Proklamation zugleich**	**89**

Anmerkung 93

Literatur-Empfehlungen 95

Abbildungsverzeichnis

Abb. 2.1 Personalarbeit zwischen Anspruch und Wirklichkeit 12
Abb. 2.2 Enorme Zusatzkosten aufgrund mangelnder Führung. 13
Abb. 2.3 Nutzen aus der Fachliteratur... 14
Abb. 3.1 Idealtypische Phasen des Personalmanagements.
(entnommen anhand vorangehender Quellenanmerkung) 23
Abb. 3.2 Mitarbeiter-Relationen im Personalbereich 26
Abb. 3.3 Eigenes Rollenverständnis der Mitarbeiter im Personalbereich................. 28
Abb. 3.4 Fremdeinschätzung hinsichtlich des Rollenverständnisses des Personalbereichs... 28
Abb. 5.1 Generelle Erfordernisse erfolgreicher Personalarbeit 40
Abb. 5.2 HR-Management im Überblick 42
Abb. 5.3 Tableau für eine Standortbestimmung...................................... 44
Abb. 5.4 Systematische Personalarbe. (Hölzerkopf 1998) 45
Abb. 5.5 Träger der Personalarbeit im Unternehmen 47
Abb. 6.1 Beurteilung und ihre Verzahnung mit anderen Personal-Funktionen/Systemen.
(Hölzerkopf 1998) 56
Abb. 6.2 Relevante Faktoren der Führung 63
Abb. 7.1 Zentrale und dezentrale Aufgabenverteilung 77
Abb. 7.2 Mögliches HR-Portfolio eines Unternehmens 79

Der Autor

Gerhard Hölzerkopf, Diplom-Kaufmann, studierte nach Abschluss einer Elektrotechniker-Lehre (ABB) Betriebswirtschaftslehre an der Universität in Frankfurt/M. Während des Studiums arbeitete er in der Industrie/Marktforschung und Informationstechnologie. Im Anschluss daran absolvierte er ein Traineeprogramm zum Filialleiter der Commerzbank AG. Ende der 70er-Jahre wechselte er in das Personalressort, wo er über 15 Jahre in verschiedenen Funktionen im Personalmanagement der Linie und des Stabes tätig war, zuletzt als Direktor und Mitglied der Leitung der Zentralen Personalabteilung der Commerzbank AG. 1994 gründete er die Gesellschaft ghp Gerhard Hölzerkopf Personalmanagement und Unternehmensberatung mit den Standorten Frankfurt, Hamburg und München. Von 1999 an war er geschäftsführender Gesellschafter der GHP Management Consulting GmbH. Insbesondere beschäftigte er sich mit der Entwicklung und Umsetzung innovativer Lösungen in den Bereichen Führung, Human Resources und Organisationsentwicklung. Als Berater, Coach oder Trainer unterstützte er Unternehmen, Institutionen und Führungskräfte in ausgewählten Fragestellungen. Er ist Autor mehrerer Veröffentlichungen, zuletzt „Führung auf den Punkt gebracht", erschienen im Springer Gabler Verlag.

Einführung 1

> **Zusammenfassung**
>
> Diese etwas umfassendere Einleitung stellt insbesondere darauf ab, dass jedes Kapitel für sich genutzt werden kann, je nach Überschrift. Von daher werden im Folgenden die Punkte „Nutzungsmöglichkeiten des Buches", „Personalarbeit – Teil der Führungsleistung", „Personalarbeit – Markenzeichen eines Unternehmens", „Zielgruppe dieses Buches" sowie „Grundsätze professioneller Personalarbeit" zusammenfassend vorangestellt, um somit dem Leser von vornherein eine Orientierung für die einzelnen Kapitel zu bieten.

Vor einiger Zeit entstand die Idee, ein Buch über den vielerorts unterschätzten Stellenwert professioneller und damit erfolgreicher Personalarbeit im Unternehmen zu schreiben. Dies zum einen, weil nach wie vor oft der fatale Trugschluss besteht, dass effektive Personalarbeit in einem Unternehmen nicht ergebniswirksam sei, zumal sie (Personalarbeit) angeblich nicht messbar sei. Zum anderen besteht ungeachtet aller Fehlentwicklungen die vorherrschende Meinung, „das Personal zu führen" kann man qua Funktion, unabhängig eigener Management- wie auch eigener Sozialkompetenz, die naturgemäß jedoch sehr unterschiedlich ausfallen. *Hinweis: In dem Abschn. 2.2. Begriffs-Dimensionen werden zentrale Begriffe, wie zum Beispiel „Personalarbeit" näher definiert.*

Darüber hinaus ist der Autor auf Grund langjähriger operativer wie auch beratender Erfahrung in der Auffassung zunehmend bestätigt worden, dass Personalarbeit als eine produktive Managementfunktion zum Nutzen des Unternehmens oft unterschätzt wird oder auch gar nicht erkannt werden kann, da mancherorts das dafür erforderliche Fach-Know-how fehlt.

Denn die Produktivität der Personalarbeit eines Unternehmens ist sowohl anhand ökonomischer Daten als auch mittels Sozialindikatoren eindeutig im Zeitablauf nachweisbar, was für viele Gesprächs- und Interviewpartner oft zu neuen Ansichten im Bereich der eigenen Personalarbeit und in der Bedeutung von professioneller Personalführung immer wieder führt.

Diese Erfahrungen und die sich daraus ergebenden produktiven Verbesserungen auf dem Sektor der Personalarbeit in einem Unternehmen, sind wesentliche Hauptansatzpunkte dieses Buches.

▶ Im weiteren Verlauf des Buches wird oft der Begriff „Mitarbeiter" benutzt, der selbstverständlich stets für „Mitarbeiterin/Mitarbeiter" steht; das gleiche gilt selbstverständlich für den Begriff „Leiter" im Sinne von Vorgesetzten/Führung.

1.1 Nutzungsmöglichkeiten dieses Buches

Getreu nach dem Motto *„Aus der Praxis für die Praxis"* ist dieses Buch nicht nur inhaltlich ausgerichtet, sondern stellt ebenfalls auf die unterschiedlichen Bedürfnisse der Leserinnen und Leser ab. Denn der damit verbundene Zeitaufwand stellt oft ein Hindernis dar, ein solches Buch überhaupt in die Hand zu nehmen. Dies vor allem vor dem Hintergrund, dass die vorrangige Zielgruppe dieses Buches eben nicht Fachleute aus dem Personalbereich ist, sondern Führungskräfte, Vorgesetzte mit Personalverantwortung wie auch das Management, für die gerade der Zeitaspekt, ein Buch mit der Ausrichtung „Personalarbeit im Unternehmen" wenigstens für eine kurze Zeit in die Hand zu nehmen, ganz entscheidend ist.

Von daher sind die einzelnen Abschnitte so strukturiert, dass je nach Interessenslage jedes einzelne Kapitel für sich, entsprechend der Überschrift, wie schon kurz ausgeführt, genutzt werden kann. Deshalb nimmt diese Einführung einen etwas breiteren Raum ein als es sonst üblich ist, dadurch jedoch dem individuellen Leseverhalten besser Rechnung getragen werden kann.

Um die Praxisorientierung dieses Buches bereits an dieser Stelle zu verdeutlichen, kann ein ganz einfaches Praxisbeispiel im Folgenden dienen:

Beispiel

Ausgehend von der Fragestellung „Was ist für Sie als Führungskraft wichtiger, der Mensch oder die Maschine?" antworten die meisten auf Anhieb „Natürlich der Mensch!" Manche überlegen einen Moment und geben dann eine ähnliche Antwort. Soweit so gut. Doch wenn der gleiche Interviewpartner die Frage gestellt bekommt: „Welche Entscheidung beansprucht mehr Zeit und mehr Beteiligte in der Entscheidungsfindung in Ihrem Unternehmen: Die Anschaffung einer Maschine im Wert von 500.000,– Euro oder die Einstellung eines Mitarbeiters mit einem Jahresgehalt von 40.000,– Euro?" dann ist die Reaktion sehr oft genau umgekehrt.

Denn die Antwort, die dann kommt, wird viele Leser aus eigener Erfahrung nicht überraschen. Sie lautet sehr häufig: „Natürlich die Maschine, gar keine Frage!" Oft ist die Antwort begleitet mit einem leicht erstaunten Gesichtsausdruck, so nach dem

Motto, warum fragt er einen das. Doch wenn dem Gesprächspartner dann eine ganz einfache und vor allem auch nachvollziehbare Rechnung beider „Investitionsentscheidungen" zum Vergleich dargelegt wird, sind die Reaktionen und vor allem seine Bewertungen von Personalentscheidungen ganz andere.

So kann beispielsweise das rechnerische Ergebnis mit den zuvor genannten Eckdaten hierzu wie folgt lauten: Multipliziert man das Jahresgehalt einschließlich der Lohn-Nebenkosten eines Mitarbeiters mit einer mittleren Betriebszugehörigkeit von beispielsweise zehn Jahren und addiert dazu die jährlichen Arbeitsplatzkosten sowie die mitarbeiterbezogenen Qualifizierungskosten, dann übersteigen diese Gesamtkosten in den weitaus meisten Fällen die Höhe der oben genannten Maschinenbeschaffungs- und Wartungskosten, natürlich ebenfalls bezogen auf einen Zeitraum von zehn Jahren.

So überwog beispielsweise in einem Unternehmen die Personalentscheidung in ihrer Kostenwirksamkeit um über 50 % die der Maschinenanschaffung einschließlich der dazugehörigen Reinvestitionen (Laufzeit ebenfalls zehn Jahre). Doch der Zeitaufwand der damit beschäftigten Personen besteht jedoch mehr als umgekehrt proportional. Mit dieser einfachen Vergleichsrechnung wurden von da an in diesem Unternehmen Personaleinstellungen mit einer weitaus professionelleren Vorgehensweise vorgenommen. Besonders hinzuweisen ist dabei, dass dies aber nicht gleichzeitig bedeutet, dass bezogen auf das eben genannte Beispiel ein professionelleres Vorgehen mit einem merklich höherem Zeit- und damit Kostenaufwand als zuvor verbunden ist.

Dieses ganz einfache Beispiel aus der Praxis zeigt auf Anhieb: *Die Bedeutung der Personalarbeit für den Unternehmenserfolg wird allzu leicht unterschätzt!* Denn bei entsprechender Transparenz relevanter Daten und Vergegenwärtigung der damit einhergehenden Konsequenzen personeller Entscheidungen im Zeitablauf, in diesem Fall der Einstellung eines Mitarbeiters, entsteht konsequenterweise eine andere Vorgehensweise in der Bedeutung einer ganz alltäglichen Aufgabenstellung des Personalbereichs wie die einer Einstellung.

Dieser dann neu gewonnene Eindruck wird noch verstärkt, wenn aufgezeigt werden kann, dass professionelle Personalarbeit und damit einhergehend verbesserte Personalführung nachweislich zu einem verbesserten Betriebsergebnis führt, was an späterer Stelle im Einzelnen beschrieben wird. Darüber hinaus zeigen seit vielen Jahren weltweit durchgeführte Untersuchungen (Gallup), dass gerade in einem Land wie Deutschland die Führungsqualität bezogen auf die Mitarbeiterführung am unteren Ende der führenden Wirtschaftsnationen steht.

Hinzu kommt noch ein weiteres oft festzustellendes Phänomen in Unternehmen, nämlich folgende Gleichung: *Personalarbeit ist gleich Personalabteilung.* Was natürlich in der täglichen Praxis nicht zutrifft.

1.2 Personalarbeit – Teil der Führungsleistung

Den größten Anteil an der Personalarbeit in einem Unternehmen leisten die Vorgesetzten beziehungsweise Führungskräfte, und zwar in der Gesamt-Summe (zeitlich) betrachtet. Und darauf kommt es sehr mitentscheidend in der tagtäglichen Praxis an. Denn eine

Personalführungsaufgabe beschränkt sich bekanntlich eben nicht nur auf die jährliche Erstellung von Beurteilungen der Mitarbeiter.

Da Personalarbeit jedoch notwendigerweise im Unternehmen durch eine Arbeitsteilung zwischen Personalabteilung und Vorgesetzten (Personalverantwortlichen) geprägt ist, bedarf es klaren Zuordnungen der Verantwortlichkeiten in den verschiedenen Personalfunktionen, und zwar bezogen auf den jeweiligen Prozessablauf. Dies gilt beispielsweise für Einstellungen, Personalentwicklung oder Vergütungssysteme bis hin zu Arbeitsrechtsfragen. Doch dies ist mitunter nicht eindeutig geregelt, was wiederum zu suboptimalen Leistungsergebnissen führt.

Von daher ist es auch zu verstehen, warum der Stellenwert und das Image der Personalabteilung in der Wirtschaft oft als unzureichend und wenig professionell zu bezeichnen sind. Nicht von ungefähr hieß es beispielsweise in einem Fachartikel vor nicht allzu langer Zeit, dass die Personalabteilung in vielen deutschen Unternehmen eine unbedeutende Rolle spielen. Und weiter hieß es, dass in vielen deutschen Unternehmen der Personalbereich wie ein Stiefkind behandelt wird. Dabei könnte er sehr wohl einen entscheidenden Beitrag im Wettbewerb leisten. Hinzu kommt, dass Linienmanager häufig keine allzu gute Meinung vom „Human Ressource Bereich" haben, wie dieser heute gerne bezeichnet wird.

Darüber hinaus hieß es im „Havard Business Manager" unter dem Rubrum „PERSONALER OHNE MEHRWERT?": „Viele Topmanager sind enttäuscht darüber, was zentrale HR-Bereiche zur Zukunftssicherung des Unternehmens beitragen. Hier sind drei Szenarien für die weitere Entwicklung der zentralen Personalfunktion: abschaffen, aufteilen oder neu erfinden" (Harvard Business Manager 12/2014).

Untersuchungen, die der Autor über einen langen Zeitraum selbst durchgeführt oder an denen er teilgenommen hat, bestätigen diese Art von Einschätzungen, jedoch in sehr differenzierter Weise. So reichen die Erfahrungswerte von „Best Practice" in verschiedenen Kern-Aufgabenstellungen bis hin zum traditionellen Verständnis personalaktengeprägter Personalarbeit, sprich Verwaltungsabteilung.

Dabei darf jedoch nicht unerwähnt bleiben, dass es sehr wohl Unternehmen mit ausgezeichneter Personalarbeit im Allgemeinen und Personalführung im Speziellen gibt, und zwar in den unterschiedlichsten Betriebsgrößen. Denn die Qualität der Personalarbeit eines Unternehmens hängt eben nicht von der Größe eines Unternehmens ab.

1.3 Personalarbeit – Markenzeichen eines Unternehmens

Doch wer kennt nicht die allseits bekannten und stets propagierten Erkenntnisse: Eine Marke stellt einen wesentlichen Wert für ein Unternehmen dar, insbesondere in der Außendarstellung. Dabei spielt die langfristige Positionierung für den Erfolg einer Marke eine ganz entscheidende Rolle.

Womit wir mitten im Thema dieses Buches sind, denn: Die Personalarbeit eines Unternehmens kann durchaus wie eine Marke mit all ihren Facetten gesehen und verstanden werden, hier jedoch mit dem Schwerpunkt in der Innenwirkung.

1.3 Personalarbeit – Markenzeichen eines Unternehmens

Denn der bekannte Aspekt, dass gerade Unternehmen mit einer besonders ausgeprägten mitarbeiterorientierten Unternehmenspolitik einen hohen Stellenwert bei Stellensuchenden hat, vor allem auch bei höher Qualifizierten, beispielsweise im Bereich von Ausbildungs-/Trainee-Programmen, zeigt einmal mehr die Bedeutung professioneller Personalarbeit.

Demzufolge wird das Image, also die Vorstellung oder das Bild, auch einer Personalabteilung intern wie extern entsprechend wahrgenommen. Dabei reichen die häufig benutzten Attribute von bürokratischer Abteilung bis hin zu stets präsenter Kundenorientierung, von traditionell bis hin zu innovativ. Jedoch überwiegen oft die eher negativen Einschätzungen, gerade von Führungskräften in den betreffenden Unternehmen. Unter der sich daraus ergebenden mangelnden Akzeptanz des Personalbereichs leiden dementsprechend auch oft ihre Mitarbeiter.

Doch diese vermeintlich gegensätzliche *Polarität – hier Personalabteilung, dort Führungskräfte der Linie* – ist gerade für die Personalarbeit kontraproduktiv für ein Unternehmen. Denn die Personalarbeit im Unternehmen hat mehrere Träger und nicht nur die Personalabteilung. Das Ressort Personal (Personalabteilung) nimmt dabei zwar eine entscheidende und damit herausgehobene Rolle ein, doch die Führungskräfte tragen ganz wesentlich zum Erfolg der Personalarbeit in ihrem jeweils eigenen Zuständigkeitsbereich bei.

So obliegt den Vorgesetzten in der Regel die Personalführung der jeweiligen Mitarbeiter. Damit übernehmen sie (die Vorgesetzten) Verantwortung in wichtigen Aufgabenstellungen wie beispielsweise:

- Vereinbaren von Zielen,
- Erstellen von Beurteilungen oder
- Einschätzen der Förderungsmöglichkeiten von Mitarbeitern und deren Potenziale, von dem
- Motivationsaspekt ganz abgesehen,

der gerade die Leistungserstellung besonders mit beeinflusst, um nur einige konkrete Beispiele an Mitarbeiter-Führungsaufgaben zu nennen.

Jedoch besteht gerade auf diesem Gebiet der Personalführung enormer Handlungsbedarf. So konstatiert das international renommierte Gallup-Institut, wie schon kurz erwähnt, in immer wiederkehrenden Studienergebnissen das schlechte Abschneiden deutscher Führungskräfte auf dem Gebiet der Mitarbeiterführung im Vergleich mit führenden Wirtschaftsnationen. Nicht von ungefähr beträgt der Anteil der Mitarbeiter in der Wirtschaft die „Dienst nach Vorschrift machen" ca. 85 %; das heißt, nur ca. 15 % sind engagiert und zufrieden mit ihrer Arbeit. Diese 2014 veröffentlichten Ergebnisse bestätigen von neuem diesen schon lange vorherrschenden Trend.

1.4 Zielgruppe dieses Buches

Eine anzustrebende Umkehr dieser aufgezeigten Entwicklungen führte mit zu der Idee:

- Dieses Buch über „Personalarbeit und verantwortungsvolle Führung" ist in erster Linie für Vorgesetzte, Führungskräfte, Manager wie auch an dieser Themenstellung Interessierte geschrieben worden, und zwar stets unter dem Gesichtspunkt praktischer Umsetzbarkeit.

Denn mittlerweile gibt es genügend Fachliteratur auf dem Themenfeld „Human Resource Management". Doch ist diese primär an Fachleute, Spezialisten oder Studierende des Faches Personal oder der Betriebswirtschaftslehre gerichtet, weniger für diejenigen, die täglich Personalführungsarbeit leisten. Und genau hier setzt das vorliegende Buch an. Nämlich die wichtige Managementfunktion „Personalführung" als eine der zentralen Aufgabenstellungen einer Führungskraft, und zwar in ihrer möglichen Handhabung und Wirksamkeit darzulegen.

Denn nicht von ungefähr sagte einmal der überaus erfolgreiche Unternehmenslenker von BMW, Eberhard von Kuenheim:

„Vier Fünftel aller Managementprobleme sind mit Personalproblemen verknüpft."

Wie aktuell und vor allem zutreffend dieses Zitat ist, wird immer wieder sehr eindrücklich durch Berichte aus den unterschiedlichsten Bereichen der Wirtschaft und Institutionen unterlegt.

Darüber hinaus wird aber auch eine systematische und integrative Personalarbeit aufzuzeigen sein. Denn ein praxisbezogenes Wissen darüber ist eine wesentliche Voraussetzung dafür, die Produktivität eines Unternehmens durch professionelle Personalarbeit verbessern zu können.

Zugegeben, das hört sich an dieser Stelle sehr allgemein und vielleicht sogar für einige (zu) theoretisch an. Doch bekanntlich gilt der Satz: „Nichts ist praktischer als eine gute Theorie" oder wie aus einem anderen Blickwinkel betrachtet ein Zitat von Alfred Herrhausen, ehemaliger Vorstandsvorsitzender der Deutschen Bank AG, lautet: „Die meisten Fehler entstehen dadurch, dass nicht zu Ende gedacht wurde."

Was nichts anderes an dieser Stelle heißen soll, als dass ein gewisses Grundverständnis bezüglich der Komplexität des Personalmanagements hilfreich und nützlich zugleich ist, um mit einem gewissen Verständnis der sehr wichtigen Thematik der „Personalarbeit in einem Unternehmen" erzielen zu können.

Denn dass Personalarbeit einen entscheidenden Einfluss auch auf relevante betriebswirtschaftliche Kenngrößen eines Unternehmens haben kann, wird zwar immer wieder negiert oder mitunter sogar schlichtweg für nicht gegeben gehalten. Aber dieser Meinung kann man heute immer entschiedener entgegentreten. Es gilt zwar der Satz „Nicht alles ist messbar", aber dem kann auf dem Gebiet der Personalarbeit konkret entgegengehalten werden, dass weitaus mehr gemessen und damit auch bewertet werden kann, was für viele für nicht messbar gehalten wird.

Eine wesentliche Voraussetzung hierfür sind die seit Ende der 70er-Jahre einsetzbaren und stets weiterentwickelten IT-Technologien. So konnte der Autor seit Beginn dieser Entwicklung, Erfahrungen mit anwendungsorientierten Benutzersprachen in der praktischen Personalarbeit sammeln und für die Anwendung in personalwirtschaftlichen Aufgabenstellungen nicht nur selbst nutzen, sondern gemeinsam mit anderen zusammen auch weiterentwickeln.

1.5 Grundsätze professioneller Personalarbeit

Ein größeres Interesse der Entscheidungsträger in Unternehmen zu wecken beziehungsweise zu fördern sowie ihnen konzeptionelle Wege und praktische Erforderlichkeiten zum Gelingen eines produktiven Personalmanagements aufzuzeigen, ist ebenfalls ein wichtiger Aspekt dieses Buches. Dies unter der Maßgabe, dass damit eine höhere Produktivität des Unternehmens sowie eine verbesserte Wettbewerbsfähigkeit einhergehen kann, was mit praktischen Beispielen unterlegt wird.

Wie auch umgekehrt gezeigt werden kann, dass der Euro für eine Personalmaßnahme mitunter zweimal in einem Betrieb ausgegeben wird. Ein praktisches Beispiel hierzu: Oft besteht eine Korrelation zwischen überdurchschnittlich hoher Krankheitsquote und überproportionaler Mehrarbeit, was oft nicht verwundert. Nimmt man jedoch zum Vergleich noch die jeweils ermittelten Führungsindikatoren, so zeigen diese dann die besonders negativen Abweichungen überall dort auf, wo auch die Krankheitsquote überdurchschnittlich hoch ist im Vergleich zu anderen Betriebseinheiten. So wird in vielen veröffentlichten Studien immer wieder aufgezeigt, dass beispielsweise höhere Fehlzeiten vor allem durch nicht qualifizierte Führung verursacht werden.

Um den oft zitierten Satz „Das Personal ist unsere wichtigste Ressource" auch in der täglichen Praxis zu realisieren, bedarf es eigener unternehmensspezifischer Ausrichtungen des Personalmanagements. Dabei können die folgenden drei Grundsätze die Wertigkeit der Personalarbeit für das eigene Unternehmen sozusagen „auf den Punkt bringen":

1. Grundsatz: „Das Personalgeschäft (Personalarbeit) ist ein langfristiges Geschäft und braucht in der Regel ‚einen langen Atem'."

Naturgemäß schlägt zwar das Personalgeschäft kostenmäßig stets kurzfristig „zu Buche", aber langfristig zeigt sich erst, wie die vorgenommenen Personalinvestitionen über die Jahre hinweg für das Unternehmen von Nutzen sind beziehungsweise sich kostenmäßig in Gänze auswirken.

Mit anderen Worten, neben der Zeitpunktbetrachtung spielt die Zeitraumbetrachtung eine ganz entscheidende Rolle, was häufig nicht mitberücksichtigt wird mit der Folge, so dass oft falsche Rückschlüsse zu Lasten des Unternehmens gezogen werden.

2. Grundsatz: „In der Umsetzung liegt der Schlüssel zum Erfolg." Es genügt eben nicht, neue Konzepte für die Personalarbeit zu entwickeln und in Hochglanzbroschüren zu publizieren.

Sie in der täglichen Praxis einzubringen und für die erforderliche Akzeptanz im Unternehmen zu sorgen, ist der weitaus schwierigere Part neuer Personalkonzeptionen, woran viele erfolgversprechende Konzepte immer wieder scheitern.Weniger Hochglanz, aber dafür von Anfang an die Umsetzbarkeit in den Mittelpunkt zu stellen, ist ein viel erfolgreicherer Weg, auch wenn es oft schwieriger ist, diese sich in der Praxis abzeichnenden Lösungswege zu antizipieren.

3. Grundsatz: Der personalkostenmäßige Anteil einer Personalabteilung (oft zwischen 1 und 3 % des Gesamtpersonalaufwandes eines Unternehmens) beziehungsweise der entsprechende Mitarbeiteranteil am Gesamtpersonal ist eben nicht gleichzusetzen mit der Bedeutung der Personalarbeit eines Unternehmens.

Dieser Rückschluss wird vielerorts vorgenommen, was jedoch zu einer verkürzten Betrachtung führt. Denn beispielsweise der Anteil (zeitlich wie kostenmäßig) der Führungsaufgaben der Vorgesetzten oder der Einkauf externer Personaldienste (Training, Administration etc.) werden dabei überhaupt nicht berücksichtigt.

Alle diese drei Grundsätze werden im Laufe des Buches immer wieder aufgegriffen und auch an Beispielen unterlegt. Von daher stellt dieses Buch auch keine Sammlung von Rezepten für eine erfolgreiche Personalarbeit dar. Demzufolge gibt es zu speziellen Fragestellungen, wie beispielsweise zum Bereich des Arbeitsrechts oder zu Einstellungsverfahren, auch keine Formulare oder dergleichen.

Vielmehr liegt der Fokus dieses Buches darauf, ein Verständnis und damit auch ein besseres Verstehen vorhandener Erfolgspotenziale durch eine professionelle Personalarbeit für die Entscheidungsträger im Unternehmen ganz generell aufzuzeigen und sie (Entscheidungsträger) für eine produktivere Personalarbeit zu gewinnen.

Auf der anderen Seite erhebt dieses Buch auch nicht den Anspruch, das Rad auf dem Sektor des Personalmanagements neu erfunden zu haben, sondern es dient zu allererst als:

- Informations- und Orientierungshilfe,
- zur eigenen Standort- und Zielbestimmung sowie mit
- Empfehlungen für praktische Umsetzungen unterlegt.

Denn eine Arbeitshypothese dieses Buches (Kap. 3) sei an dieser Stelle schon vorweg genannt:

> „Personalarbeit ist nicht kopierbar, sondern vor allem geprägt durch:
> - die Unternehmenskultur,
> - die verschiedenen Geschäftsfelder,
> - den vorhandenen Führungsstil und
> - das Selbstverständnis der Personaler im Unternehmen.
>
> Jedoch ist sie in ihren Grundkonzeptionen und Leistungsergebnissen sehr wohl messbar und damit gezielt steuerbar."

Hierzu werden in diesem Buch konzeptionelle Ansätze, umsetzbare Wege sowie Praxis- und Studienergebnisse vorgestellt. Mit anderen Worten, dieses Buch kann mit den drei Komponenten:

▶ „Unternehmensorientiert – Praktisch – Nachvollziehbar"

gekennzeichnet werden.
Das heißt konkret:

- Der erste Punkt *„Unternehmensorientiert"* ist stets im Kontext des jeweiligen Unternehmens zu interpretieren,
- der zweite Punkt *„Praktisch"* bedeutet, dass die genannten Beispiele in der Praxis auch umgesetzt sind
- und der dritte Punkt *„Nachvollziehbar"* für die eigene „Erfahrungsmöglichkeit" der Leserin und des Lesers steht. Aus diesem Grund werden einige Thesen dieses Buches wiederholt genannt, um damit die Nachvollziehbarkeit für den Leser zu erleichtern.

1.6 Danksagung

Das gibt dem Autor die Gelegenheit, sich an dieser Stelle für die Unterstützung und Begleitung beim Verfassen dieses Buches herzlich zu bedanken; bei den Interviewpartnern und all denjenigen, denen ich die Textentwürfe vorab als Leseproben geben durfte, stellvertretend Herrn Rainer Dahms und Herrn Hans Jürgen Werth.

Mein Dank gilt in gleicher Weise selbstverständlich dem Verlag, stellvertretend Frau Sabine Bernatz und Frau Ulrike Vetter für Ihre hilfreiche Anregungen und Erfahrung.

Ebenfalls danken möchte ich Herrn Dr. Peter Dosterschill, für sein Geleitwort sowie für die zahlreichen Gespräche bei der Entwicklung meines Buches.

Dabei bringe ich gleichzeitig auch meinen besonderen Dank all denen gegenüber zum Ausdruck, die mir auf meinem Ausbildungsweg, Erlernen meiner Berufe und im Berufsleben oft mit Rat und Tat zur Seite standen. Dass diese Art der Unterstützung in all den Jahren keine Selbstverständlichkeit war und ist, verstärkt umso mehr meine Dankbarkeit all ihnen gegenüber. So konnte dieses Buches auch nur vor diesem Hintergrund entstehen.

Allen meinen herzlichsten Dank!

Eckpunkte des Buches 2

> **Zusammenfassung**
>
> In diesem Kapitel werden anhand von wichtigen Kriterien, die für dieses Buch von ausschlaggebender Bedeutung sind, folgende Punkte näher beschrieben, und zwar: 1) Die im Vordergrund stehenden Zielsetzungen dieses Buches, 2) generelle Begriffserläuterungen, die immer wieder in diesem Buch vorkommen, 3) der Aufbau des Buches sowie 4) die Zielgruppe einschließlich die für die Leser entscheidenden Anwendungsmöglichkeiten näher beschrieben.

2.1 Zielsetzung

Drei wesentliche Entwicklungen in der Personalarbeit der letzten Jahre sind mit Anlass und Idee gleichermaßen, ein Buch über den Nutzen einer professionellen Personalarbeit und der damit einhergehenden Mitarbeiterführung zu schreiben. Denn der jeweilige kostenmäßige Anteil zwischen der Leistungserstellung in einem Unternehmen, der eingesetzten Techniken sowie Technologien und dem Menschen, sprich Personal, ist eben oft nicht der Maßstab für den Stellenwert der Personalarbeit in einem Unternehmen.

Die Aussage eines früheren Vorstandsvorsitzenden eines Dax-Unternehmens „Mitarbeiter sind Kosten auf zwei Beinen" zeigt zwar dessen Einstellung sehr treffend, aber verkennt und verachtet in gleicher Weise die produktiven und sozialen Komponenten eines jeden Mitarbeiters.

© Springer Fachmedien Wiesbaden GmbH 2017
G. Hölzerkopf, *Personalarbeit – Markenzeichen eines jeden Unternehmens*,
DOI 10.1007/978-3-658-13132-6_2

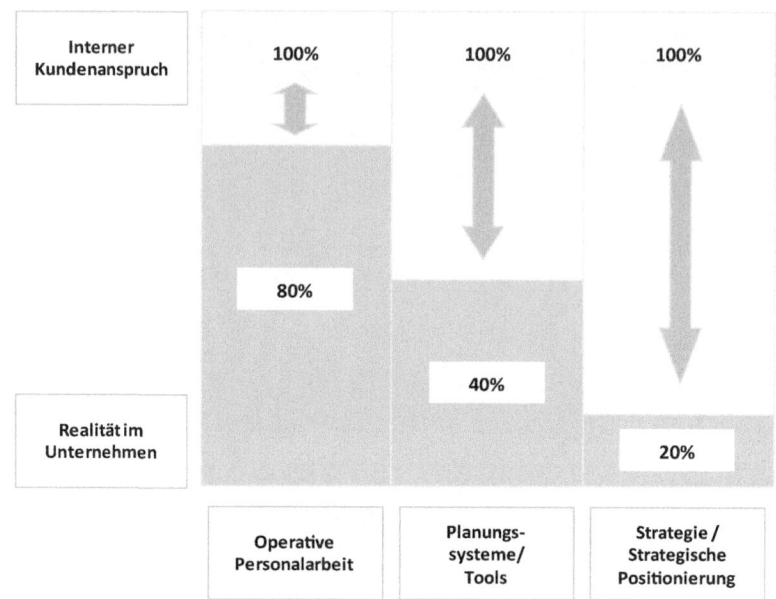

Abb. 2.1 Personalarbeit zwischen Anspruch und Wirklichkeit

Neben diesem generellen Ansatz sind drei entscheidende Entwicklungstendenzen für dieses Buch sehr maßgebend:

1. Entwicklungstendenz Da ist zum einen die Tatsache festzustellen, dass viele Personalabteilungen gerade die in den 80er und 90er-Jahren aufgebaute Akzeptanz in den letzten Jahren vielerorts zunehmend verloren haben. So wurden viele Personalbereiche ausgedünnt oder teilweise „outgesourct" nach dem Motto ‚wenn schon angeblich kein Mehrwert geschaffen werden kann – was auch immer darunter verstanden wird – dann soll eine solche Abteilung auf ein Minimum reduziert werden'.

Damit einhergehend verschwand auch die erforderliche Diskussion um die strategische Ausrichtung eines effektiven Personalmanagements und deren Umsetzung in die Unternehmenspraxis, wie sie derzeit nur in einem geringeren Teil von Unternehmen besteht und in deren Unternehmensplanung auch entsprechend integriert ist.

So wird im Schaubild (siehe Abb. 2.1) auf einen Blick zusammengefasst, wie sich die generelle Situation im Personalbereich in etwa darstellt, basierend unter anderem auf zahlreich durchgeführten Untersuchungen, an denen der Autor teilgenommen oder die er auch selbst durchgeführt hat.

Nimmt man dabei jeweils den internen Kundenanspruch, gemeint sind mit den Kunden die Mitarbeiter und Vorgesetzten einschließlich Unternehmensführung, an die Personalabteilung als Maßstab, so zeigt sich sehr deutlich die große Differenz zwischen einer erforderlichen und tatsächlichen Positionierung des Personalmanagements eines Unter-

2.1 Zielsetzung

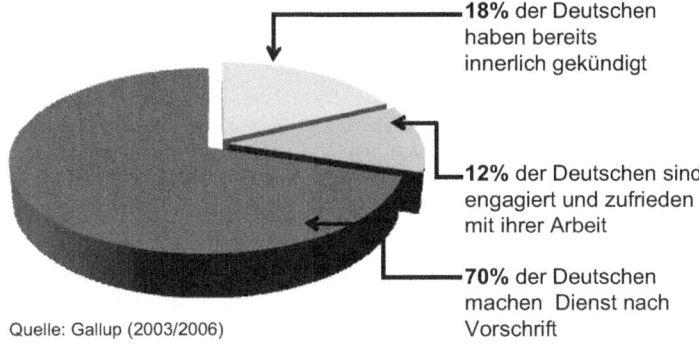

Abb. 2.2 Enorme Zusatzkosten aufgrund mangelnder Führung

Quelle: Gallup (2003/2006)

- 18% der Deutschen haben bereits innerlich gekündigt
- 12% der Deutschen sind engagiert und zufrieden mit ihrer Arbeit
- 70% der Deutschen machen Dienst nach Vorschrift

nehmens – zwischen strategischer Positionierung/Planungssysteme auf der einen Seite und der operativen Personalarbeit auf der anderen Seite.

Wobei hier ganz deutlich zum Ausdruck gebracht wird, dass die operative Personalarbeit natürlich einen wichtigen Stellenwert im Gesamtmix der Dienstleistungen eines Personalbereichs darstellt. Nur ist sie nicht deren einzige Aufgabenstellung, auch wenn sie oft anteilsmäßig den größten Mitarbeiteranteil einer Personalabteilung darstellen; häufig allerdings fast zu 100 %.

2. Entwicklungstendenz Zum anderen wird alljährlich immer von neuem festgestellt und in vielen Veröffentlichungen darüber berichtet, wie miserabel es mitunter um die Führungssituation in deutschen Unternehmen und Institutionen bestellt ist. Allein eine Zahlenrelation verdeutlicht dies auf eindeutige Weise. So beträgt der Anteil der engagierten Mitarbeiter im Durchschnitt nur etwa 12 % und die der desinteressierten Mitarbeiter sogar durchschnittlich 18 %. Es handelt sich dabei mit um die schlechteste Relation im Vergleich zu den führenden Wirtschaftsnationen (siehe Abb. 2.2).

So entstand bereits im letzten Jahrzehnt nach Berechnungen des Gallup-Instituts ein jährlicher Schaden für die deutsche Wirtschaft von über 250 Mrd. Euro im Jahr, resultierend unter anderem aus der Differenz der durchschnittlichen Fehltage von engagierten Mitarbeitern (5/6 Fehltage/Jahr), und der Fehlzeiten von unzufriedenen Mitarbeitern (11/12 Fehltage/Jahr), ausgedrückt auf einen Blick in Abb. 2.2.

Diese Situation hat sich bis heute bedauerlicherweise nicht wesentlich verbessert.

3. Entwicklungstendenz Schließlich liegt der dritte Ansatz in der Tatsache begründet, dass sich die überwiegende Literatur auf dem Sektor des Personalmanagements an Fachleute oder an Studierende des Faches Personal im Speziellen oder im Rahmen der Betriebswirtschaftslehre im Allgemeinen wendet.

Dieser zuletzt beschriebene Ansatz wird durch Befragungsergebnisse unterlegt, wie sie vom Autor auch immer wieder überprüft wurde. Dabei geht es um die Frage: „Welchen Nutzen ziehen Sie als Führungskraft/Manager aus der Literatur zum Thema Personalmanagement?" Hierzu ein generelles Ergebnis im Schaubild in Abb. 2.3.

Abb. 2.3 Nutzen aus der Fachliteratur

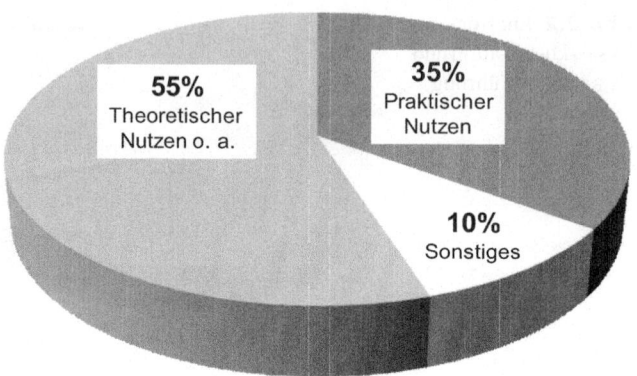

Der Fokus richtet sich demzufolge nur selten auf die Zielgruppe der Entscheidungsträger in Unternehmen. Doch gerade sind es die Führungskräfte, die einen mitentscheidenden und vor allem überwiegenden Anteil an der Personal-/Führungsarbeit im Unternehmen und damit an der optimalen Steuerung der ganz entscheidenden Ressource im Unternehmen haben, nämlich dem Personal.

Denn die Führungskräfte sind es zum überwiegenden Teil, die beispielsweise den größeren Anteil an Mitarbeitergesprächen führen, sei es zum Beispiel im Zusammenhang mit dem Vereinbaren von Zielen, Erstellen von Beurteilungen oder Einschätzen von Potenzialen, um nur einige Punkte zu nennen.

Sie sind es schließlich, die gerade in der Umsetzung der im Personalbereich entwickelten Konzepte und Methoden erst den Erfolg einer effektiven Personalarbeit für das Unternehmen garantieren. Denn was nutzen die besten Modelle, Methoden oder Führungsinstrumente, wenn diese nicht stringent an den Unternehmens- und personalpolitischen Zielsetzungen in der Praxis genutzt und damit vor allem täglich gelebt werden.

Doch würden all diese aufgezeigten Entwicklungstendenzen nicht ausreichen, die in den letzten Jahren zunehmend wachsende Literatur im Bereich Personal und Führung noch um ein weiteres Buch zu ergänzen. Ganz im Gegenteil: Es fehlt oft an Veröffentlichungen, die gerade den Transfer von einem systematischen und konzeptionell-strategisch entwickelten Personalmanagement in die tägliche Praxis der Personalarbeit beschreiben. Und dies unter Berücksichtigung der Vielschichtigkeit der Thematik und dabei gleichzeitig in einer eher anwendungsorientierten und weniger fachspezifischen Sprache verfasst.

Denn nur wenn die Konzeptionen, bei aller Komplexität der Kern-Funktionen des HR-Managements, für den Anwender auch nachvollziehbar dargestellt werden, besteht überhaupt die Chance, dass die Umsetzungsschritte hin zu einem professionellen und damit effektiven Personalmanagement, genannt auch oft HR-Management, auch praktiziert werden können. Und dazu bedarf es einer einfachen und klaren Sprache.

Von daher liegt der Schwerpunkt dieses Buches auch weniger auf den eher instrumentellen Fragestellungen eines integrativen Personalmanagements, als in seiner Ausrichtung, praktische Erforderlichkeiten der Personalarbeit in einem Unternehmen in ihrer Gesamtheit hierzu aufzuzeigen.

Bevor der Weg hierzu im Folgenden beschrieben und in den sich anschließenden Kapiteln spezifiziert wird, sind zunächst einige begriffliche Abgrenzungen, die gerade im Personalgeschäft oft zu Verwechslungen führen, vorzunehmen. Denn häufig werden gleiche Begriffe ganz unterschiedlich definiert, was häufig nicht zum besseren Verständnis des Personalmanagements führt. Wobei anzumerken ist, dass selbst in ein und demselben Unternehmen oft keine eindeutige Sprachregelung besteht bezüglich der in der Personalarbeit häufig verwendeten Begriffe.

Ein praktisches Beispiel soll dies auf einfache Weise verdeutlichen. Es geht dabei um den Begriff „Vergütungsregelung". Für die Einen bedeutete er die Festsetzung des Monatsgehaltes, andere sahen in ihm die Summe einzelner Vergütungselemente (zum Beispiel: Gehalt, Boni-Zahlungen, Tantiemen oder Sonderzahlungen), und wiederum ein anderer Teil verstand darunter die „Gesamt-Remuneration" des Unternehmens.

Ein und derselbe Begriff und doch so unterschiedliche Begriffsinterpretationen machen deutlich, wie wichtig es ist, gerade im Bereich des Personalmanagements einige Begriffsdefinitionen möglichst zu Anfang vorzunehmen; was im nächsten Abschnitt erfolgt.

2.2 Begriffs-Dimensionen

Nun sind schon an manchen Stellen die Begriffe Personalarbeit, Personalmanagement, Human Ressource Management oder ähnliche Begriffe verwendet worden, ohne diese näher zu beschreiben. Dies soll nun in kurzer und eindeutiger Weise, soweit dies möglich ist, erfolgen, und zwar hinsichtlich folgender Begriffe:

- Personalarbeit,
- Ausrichtungen des Personalwesens,
- Personalbereich,
- Personalstrategie sowie
- Synonyme für den Begriff Personalmanagement.

Denn gerade die unterschiedlichen Begriffsauslegungen machen dies mehr als erforderlich. Wenn beispielsweise zehn Führungskräfte aus dem gleichen Unternehmen befragt werden, was sie unter Personalarbeit in ihrem Unternehmen verstehen, verbunden mit der Bitte, diese in ein oder zwei Sätzen zu erläutern, dann überrascht das Ergebnis kaum: Mindestens fünf verschiedene Begriffsdeutungen und damit einhergehende Wertigkeiten bei den Betreffenden werden im Durchschnitt angegeben.

Daher ist es kaum verwunderlich, dass die vielschichtigen und zum Teil längerfristigen Aufgabenstellungen eines Personalbereichs von einer Führungskraft in ihrer Bedeutung für das Unternehmen und im Rückschluss auf sein eigenes Aufgabengebiet oft divergierend zu der Position des Personal-Ressorts eingeschätzt werden.

Von daher wird der zentrale Begriff *Personalarbeit* wie folgt definiert:

- Personalarbeit umfasst die gesamte Aufgabenstellung einer Personalabteilung, von A wie Arbeitszeitregelungen über P wie Personalentwicklung bis hin zu Z wie Zielvereinbarungen,
- die Personalführung seitens der Vorgesetzten,
- Entscheidungen des Managements beziehungsweise der Geschäfts- oder Bereichsleitung in Personalfragen, strategischer und operativer Art,
- Zusammenarbeit mit der Arbeitnehmervertretung sowie
- die Erfüllung interner und externer Bestimmungen, Regelungen und Gesetze auf dem Sektor des Personalwesens.

Des Weiteren sei an dieser Stelle angemerkt, dass die Begriffe *Personalmanagement (PM)*, Personalwesen, Personalwirtschaft oder auch Human Ressource Management (HRM) als Synonyme verwendet werden; wohlwissend, dass sich diese Begriffe in den letzten Jahrzehnten mit unterschiedlichen Ausrichtungen des Personalwesens herausgebildet haben.

Diese zuletzt genannten Begriffe umfassen all das, was für das Personal in einem Unternehmen bzw. einer Institution getan wird. Dabei lassen sich *zwei zentrale Ausrichtungen des Personalwesens* zum besseren Verständnis unterscheiden:

- Auf der einen Seite gibt es die mehr an den Individuen (Personal) orientierten Funktionen, wie beispielsweise Einstellung, Beurteilung, Personalentwicklung, sprich „operative Personalarbeit",
- auf der anderen Seite sind es die Komponenten, die sich auf die unternehmens- beziehungsweise systembezogene Ebene beziehen, wie zum Beispiel Entwicklung eines Vergütungssystems, Festlegung einer Personalstrategie, Durchführung von Mitarbeiterbefragungen oder Zusammenarbeit mit der Arbeitnehmervertretung.

Ebenso gleichartig werden die Begriffe *Personalbereich*, Personal-Ressort, Human Ressource Bereich oder Personalabteilung verwandt, worunter die *organisatorische Einheit* im Sinne eines Funktionsbereichs verstanden wird, der sowohl zentral als auch dezentral organisiert sein kann.

An dieser Stelle ist ein weiterer wichtiger Begriff, nämlich „Personalstrategie" zu erläutern, und zwar aus zweierlei Gründen: Zum einen wird darunter selten die inhaltliche Ausrichtung spezifiziert, zum anderen ist eine Personalstrategie als solche ganz entscheidend für eine erfolgreiche Personalarbeit, und zwar unabhängig von der Betriebsgröße, was sehr häufig verkannt wird.

So kann unter *Personalstrategie folgendes verstanden werden:*

„Die Personalstrategie eines Unternehmens ist der mittel- und langfristige Plan zur Steuerung der Personalressourcen. Sie umfasst die personalpolitischen Ziele und Ergebnisse, die in den kommenden Jahren angestrebt werden, sowie die Konzepte, Instrumente und Maßnahmen zu deren Erreichung (Gmür und Thommen 2007)."

Und weiter heißt es an gleicher Stelle sehr treffend:

„Die personalstrategische Grundausrichtung ist ein Kernelement der Unternehmensführung. Sie bestimmt wesentlich, wie die beschäftigten Führungskräfte und Mitarbeiter ihr Unternehmen und die Erwartungen, die an sie in Bezug auf ihre Aufgabenerfüllung gerichtet werden, wahrnehmen."

So einfach sich diese Definition lesen lässt, so schwer ist sie entsprechend zu gestalten und zu realisieren. Doch ohne eine solche Integration in die Unternehmensstrategie bleibt die immer in einem Unternehmen erforderliche Personalarbeit suboptimal und oft noch weit darunter.

2.3 Aufbau des Buches

Der Aufbau des Buches erfolgt anhand der zuvor genannten Zielsetzung sowie dem Wunsch und Anspruch zugleich, die Bedeutung der Personalarbeit für ein Unternehmen unter Einbeziehung von Beispielen aus der Praxis sowie die Erforderlichkeit einer systematischen und strategisch orientierten Personalarbeit aufzuzeigen.

In dem sich anschließenden Kap. 3 **Personalarbeit zwischen Wunsch und Wirklichkeit** geht es vor allem darum, die häufig in der Literatur beziehungsweise in Publikationen geschilderten idealtypischen Ausprägungen des Personalmanagements der vorherrschenden Wirklichkeit in vielen Unternehmen und Institutionen kurz gegenüberzustellen, um dem Leser eine Einordnung seiner eigenen Situation zu ermöglichen.

Nicht von ungefähr kann man in all den Jahren wie auch aktuell ein für das Personalressort oft sehr negatives Ergebnis nachlesen, wenn es immer wieder sinngemäß heißt, dass bei deutschen Managern das Personalmanagement kaum Wertschätzung genießt, insbesondere wenn es um die Wertschöpfung ginge, oder um ein andere Aussage sinngemäß zu erwähnen, Personaler sich zu Ausputzern degradieren lassen. Von daher ist es immer erforderlich, zunächst eine realistische Standortbeschreibung der Personalarbeit vorzunehmen, um unter deren Berücksichtigung pragmatische Zielsetzungen für ein professionelles Personalmanagement im Unternehmen festlegen zu können. Ergänzend hierzu erfolgt dann eine kurze Beschreibung der generellen Herausforderungen an das HR-Management, die zwar von Unternehmen zu Unternehmen sehr unterschiedlich sein können, aber in ihrer funktionalen und strukturellen Ausrichtung ähnlich gelagert sind.

Daran anschließend wird in dem Kap. 4 **Herausforderungen an professionelle Personalarbeit** zunächst generell kurz eine mögliche Professionalisierung der täglichen Personalarbeit beschrieben wie auch die erforderliche Notwendigkeit, sich auf ausgewählte Kernfunktionen der Personalarbeit zu konzentrieren.

Als einen weiteren sehr wichtigen und damit auch entscheidenden Punkt für jedes Unternehmen wird eine internationale Erhebung als ein objektiver Beleg dafür angeführt, dass professionelles Personalmanagement zu verbesserten Betriebsergebnissen führt.

Um dann im vierten Abschnitt „Verantwortung – Kern jeglicher Leistung/Führungsleistung" die enge Verzahnung zwischen verantwortungsvoller Führung (Mitarbeiterführung) und erfolgreicher Personalarbeit als Ganzes zu beschreiben und ihre Bedeutung für den Erfolg eines Unternehmens aufzuzeigen.

In Kap. 5 **Systematik im Personalmanagement** liegt der Schwerpunkt auf einer systematischen Ausrichtung des Personalmanagements sowie einem Modellansatz, der insbesondere die Komplexität der Managementfunktion „Personal/Human Ressource" auf wesentliche Eckpunkte fokussiert sowie deren generellen Erfordernisse hierzu.

Da das HR-Management in der täglichen Praxis immer durch die Art und Umfang einer Arbeitsteilung zwischen den einzelnen Trägern bestimmt wird, werden die wichtigsten Gruppierungen hierzu kurz genannt sowie ein Praxis-Beispiel an arbeitsteiliger HR-Funktionszuordnung, da ihr naturgemäß dabei eine wichtige Rolle im Hinblick auf die Mitarbeiter-Führungsrolle der Vorgesetzten zukommt.

Im Kap. 6 **Schwerpunkte einer ganzheitlichen Personalarbeit** wird bewusst nur eine Auswahl an Kernelementen kurz beschrieben, da es ansonsten den Rahmen dieses Buches sprengen würde, wie es auch der zu Anfang genannten Zielgruppenausrichtung nicht entspräche.

Jedoch wird bei drei Themen eine Ausnahme gemacht, und zwar handelt es sich um das „Beurteilungswesen", die „Mitarbeiterführung" und das „Personal-Controlling". Denn diese sind eng mit zentralen Aufgabenstellungen eines jeden Vorgesetzten verbunden, auch wenn dies in dem einen oder anderen Unternehmen nur eingeschränkt der Fall sein mag.

Daran anschließend werden im Kap. 7 **Handlungsempfehlungen für die Praxis** in Form von Handreichungen und weniger im Sinne einer Rezeptur dargelegt. Diese beziehen sich insbesondere auf die folgenden Kernfragen:

- Warum ist die Gesamtbetrachtung operativer und strategisch/planerischer Personalarbeit für eine produktive (erfolgreiche) Personalarbeit von ausschlaggebender Bedeutung und wie gelingt es, dies in die tägliche Praxis umzusetzen?
- Worin bestehen die hohen Potenziale eines integrativen Personalmanagements für das Unternehmen?
- Warum ist ein „langer Atem" im Personalgeschäft erforderlich?
- Warum ist die Führung von Mitarbeitern ein ganz entscheidender Beitrag für eine erfolgreiche Personalarbeit?

Fragestellungen also, die sich in der täglichen Praxis immer wieder von neuem stellen, und gerade für Führungskräfte nicht minder relevant sind wie für die Spezialisten im Personalbereich, nur jeweils anders gewichtet, aber nicht unbedeutender für eine erfolgreiche Personalarbeit im Sinne des Unternehmens und den Mitarbeitern. Dies wiederum bedingt eine aktive Personalführung seitens der Führungskräfte.

Im abschließenden Kap. 8 **Ausblick mit Empfehlungen** wird zusammenfassend die nach wie vor oft unterschätzte Bedeutung des Personalwesens eines Unternehmens und der damit einhergehenden Führungsleistung, gerade aus der Sicht von Führungskräften, beschrieben.

Denn es „lohnt" sich, im wahrsten Sinne des Wortes, in die Personalarbeit im Unternehmen zu investieren. Jedoch kommt es entscheidend darauf an, ob diese Investitionen zielgerichtet gesteuert werden, ganz im Sinne eines professionellen Führungsverständnisses, oder das oft verwendete Gießkannenprinzip in Personalfragen zur Anwendung kommt.

2.4   Zielgruppe und Anwendungsmöglichkeiten

Auf die beiden Punkte Zielgruppe (für wen eignet sich dieses Buch) und Anwendungsmöglichkeiten (wie kann das Buch genutzt werden) soll nun etwas ausführlicher eingegangen werden.

Dabei ist nochmals zu betonen, dass es sich hierbei nicht um ein Lehr- oder Fachbuch für den Sektor Personalmanagement/Human Ressource Management handelt, aber auch nicht um eine Rezeptansammlung zu wichtigen Fragestellungen im Personalmanagement, nach dem Motto: „10 Tipps für erfolgreiche Führung" oder dergleichen.

Vielmehr soll dieses Buch ein größeres Interesse wecken oder auch erweitern zu dem überaus produktivitätsfördernden Thema: Wie zum einen professionelle Personalarbeit die Produktivität im Unternehmen fördern kann, und zum anderen praktische Erfordernisse und Wege hierfür aufzuzeigen.

Somit ergibt sich im weitesten Sinne folgende *Zielgruppe*:

- Vorgesetzte
- Führungskräfte
- Entscheidungsträger im Unternehmen
- Interessierte an der Thematik Personalarbeit

Dieses Buch dient demzufolge in erster Linie als Information und Orientierungshilfe und verfolgt nicht den Anspruch eines Kompendiums zum Thema Personalmanagement. Deshalb ist bewusst auch keine Sammlung fachspezifischer Publikationen zum Thema Personalmanagement im Anhang aufgeführt.

Vielmehr dient es vor allem Entscheidungsträgern, die Bedeutung und den ökonomischen und sozialen Nutzen professioneller Personalarbeit darzulegen, verbunden mit Praxisbeispielen und Aufzeigen von Lösungswegen. Dabei ist eine vom Autor aufgestellte und immer wieder überprüfte Arbeitshypothese bereits an dieser Stelle besonders hervorzuheben: „Personalarbeit ist nicht kopierbar, sondern immer unternehmensspezifisch auszurichten, aber in seinen Grundkonzeptionen und erzielten Leistungsergebnissen sehr wohl messbar".

Damit ist gleichzeitig gemeint, dass dieses Buch mit seinen konzeptionellen Ausführungen und dargelegten, praktischen Erfahrungen dem Leser insbesondere folgende *Anwendungsmöglichkeiten* bietet:

- Anregungen zur eigenen Reflexion über den Stand der eigenen Personalarbeit
- Zielgerichtete Unterstützung beim Hinterfragen und Analysieren der eigenen Situation auf dem Sektor Personal und darüber hinaus
- Orientierungshilfen und Methoden zur Weiterentwicklung der eigenen Personalarbeit.

Denn der Stellenwert der Personalarbeit in einem Unternehmen drückt sich eben nicht in dem Abfassen von Hochglanzbroschüren und dem darin niedergeschriebenen „Hohen Lied" auf die Ressource „Human Capital" aus, um es ansonsten beim Alltäglichen zu belassen. Vielmehr ist eine Transparenz der Personalarbeit und damit einhergehend ein Umdenken in vielen Unternehmen erforderlich, und zwar oft bei mehreren Trägern der Personalarbeit in einem Betrieb, wie Unternehmens- oder Bereichsleiter, HR-Verantwortliche oder Führungskräfte.

Denn nur wenn es gelingt, Personalarbeit/HR-Management als eine entscheidende Managementfunktion zu verstehen und auch konsequent zu praktizieren, besteht überhaupt erst die Möglichkeit, die Personalarbeit als produktiven Faktor von Entscheidungsträgern im Unternehmen umsetzen zu können. Dies setzt jedoch voraus, dass Personalarbeit in seiner operativen und strategischen Komponente unternehmensspezifisch und damit auch geschäftsfeldbezogen ausgerichtet wird.

Dass hierzu entsprechende Ressourcen sowie Fach- und Management-Know-how im Personalbereich vorhanden sein müssen, ist zwar eine Selbstverständlichkeit, wird aber sehr häufig nicht entsprechend gehandhabt, was aber nicht primär durch ein Aufstocken der Kapazitäten im Personalsektor eines Unternehmens behoben werden kann.

Denn ein aktives Einbinden der Linie seitens des HR-Bereichs, und zwar sowohl im operativen Tagesgeschäft als auch in strategischen Fragestellungen, setzt unter anderem Business-Kenntnisse der jeweiligen Geschäftssparte des eigenen Unternehmens voraus, um ein adäquater Gesprächspartner für seine internen Kunden sein zu können.

Damit stellen sich zunächst die Fragen zur aktuellen Standortbestimmung, wie zum Beispiel:

- Wie ist der Personalbereich in der Praxis aufgestellt,
- wie versteht er seine Rolle und vor allem,
- wie wird er von seinen internen Kunden, insbesondere aus Sicht der Führungskräfte gesehen beziehungsweise wie kommunizieren beide Seiten miteinander?

Antworten hierzu folgen nun in dem sich anschließenden Kapitel einschließlich der Herausforderungen an eine zukunftsorientierte Personalarbeit.

Literatur

Gmür, Markus, und Jean-Paul Thommen. 2007. *Human Ressource Management.*, Zürich.

3 Personalarbeit zwischen Wunsch und Wirklichkeit

Zusammenfassung

In diesem Kapitel geht es vor allem darum, die häufig in der Literatur beziehungsweise in Publikationen geschilderten idealtypischen Ausprägungen des Personalmanagements der vorherrschenden Wirklichkeit in vielen Unternehmen und Institutionen kurz gegenüberzustellen, um dem Leser eine Einordnung seiner eigenen Situation zu ermöglichen.

Nicht von ungefähr kann man in all den Jahren wie auch aktuell sehr oft ein für das Personalressort sehr negatives Ergebnis nachlesen, zum einen genießt bei deutschen Managern das Personalmanagement kaum Wertschätzung, insbesondere wenn es um die Wertschöpfung geht.

Von daher ist es immer erforderlich, zunächst eine realistische Standortbeschreibung der Personalarbeit vorzunehmen, um unter deren Berücksichtigung pragmatische Zielsetzungen für ein professionelles Personalmanagement im Unternehmen festlegen zu können. Ergänzend hierzu erfolgt dann eine kurze Beschreibung der generellen Herausforderungen an das HR-Management, die zwar von Unternehmen zu Unternehmen sehr unterschiedlich sein können, aber in ihrer funktionalen und strukturellen Ausrichtung ähnlich gelagert sind.

Gleich zu Beginn dieses Kapitels möchte ich gerne nochmals betonen, dass es mir nicht darum geht, nun alle möglichen wünschenswerten Formen an Personalarbeit in schillernder Weise zu beschreiben. Viel nutzbringender ist es stattdessen, Wege und Handlungsmöglichkeiten aufzuzeigen, wie Personalarbeit produktivitätsfördernd für die tägliche Praxis gestaltet werden kann.

© Springer Fachmedien Wiesbaden GmbH 2017
G. Hölzerkopf, *Personalarbeit – Markenzeichen eines jeden Unternehmens*,
DOI 10.1007/978-3-658-13132-6_3

Hierzu ist zuvor eine Standortbestimmung erforderlich, um anhand der damit nachweisbaren Ergebnisse überhaupt einen erforderlichen und gleichzeitig praktischen Weg in Richtung Professionalisierung der Personalarbeit aufzeigen zu können. So haben zahlreiche Untersuchungen belegt, und dies schon seit den 80er-Jahren, dass es eine große Differenz zwischen Wunsch und Wirklichkeit, zwischen Soll und Ist, zwischen Anspruch und tatsächlicher Leistungserbringung auf dem Sektor des Personalmanagements in Unternehmen gibt.

Dieser Trend hielt auch in den 90er-Jahren an und hat sich bis zum heutigen Tag, im Durchschnitt gesehen, nicht wesentlich verbessert, aber zum Teil auch verschlechtert. Nicht von ungefähr hieß es vor einigen Jahren in einer Veröffentlichung unter der Überschrift „Humanressourcen haben strategische Bedeutung", dass man von einem strategisch orientierten Personalmanagement heute weiter entfernt sei als in den achtziger Jahren – damals habe man zumindest noch darüber geredet.

So sind zwar enorme technologische Fortschritte gerade unter Nutzung weiterentwickelter IT-Technologien im Personalmanagement in der Zwischenzeit erzielt worden, aber dies beschränkt sich nur auf einen Teil deutscher Unternehmen, in denen eine Verzahnung technologischer Innovationen in wichtigen Kernbereichen des Personalmanagements bestehen. Denn der „Fortschritt" steht noch nicht an der Tür einer Personalabteilung, wenn Bewerbungen per Internet erfolgen oder der administrative Bereich in weitem Umfang hohe technologische Standards aufweist. Festzustellen ist vielmehr, dass der überwiegende Teil an Personalabteilungen mit dem sogenannten Tagesgeschäft oftmals mehr als ausgelastet ist.

Doch bevor einige relevante Ergebnisse zur Standortbestimmung dargelegt werden, sollen zunächst idealtypische Phasen in der Entwicklung des Personalmanagements kurz beschrieben werden, nicht zuletzt um damit auch einen Maßstab zur eigenen Situationseinschätzung zu erhalten.

3.1 Idealtypische Entwicklungsphasen des Personalmanagements

Die im Folgenden in einer Kurzfassung zusammengestellten idealtypischen Phasen zeigen in sehr prägnanter Form die unterschiedlichen Ausprägungen der Personalarbeit, beginnend ab 1960, unter zwei Gesichtspunkten auf:

- Strategische Dimensionen
- Hauptfunktionen im Personalbereich

Als Quelle hierfür dienten die Darstellungen von Rolf Wunder, die der Autor im Rahmen mehrerer Veranstaltungen des Instituts für Führung und Personalmanagement der Universität St. Gallen (I. FPM) und in weiterführenden Gesprächen dankenswerterweise kennenlernen und auch besprechen konnte (siehe Abb. 3.1).

Ab dem Jahr 2000 etwa liegt die Strategie im Wertschöpfungsansatz und verschieden ausgeprägten Centerformen.

3.1 Idealtypische Entwicklungsphasen des Personalmanagements

Kriterien \ Phasen	1 bis 1960 Bürokratisieren	2 ab 1960	3 ab 1970	4 ab 1980	5 ab 1990
Strategie	Aufbau vorwiegend administrativer Personalfunktionen	Professionalisierung der Personalleiter, Zentralisierung des Personalwesens, Spezialisierung der Personalfunktionen	Spezialisierung, Ausbau sowie Mitarbeiter-Orientierung der Personalfunktionen	Dezentralisierung, Generalisierung, Entbürokratisierung, Rationalisierung von Personalfunktionen	Zentralisierung strategischen und konzeptionellen Personal-Managements
Hauptfunktionen	Verwaltung der Personalakten, Durchführung personalpolitischer Entscheidungen, z. T. in Nebenfunktionen	Neben Kernfunktionen: Verwaltung, Einstellung, Einsatz, Entgeltfindung, jur. Konfliktregelung, zusätzlicher Ausbau der qualitativen Sozialpolitik (Bildung, Freizeit, Arbeitsplätze)	Humanisierung, Partizipation, Ausbau d. qualitativen Funktionen wie Aus- und Weiterbildung (off-the-job), kooperative MA-Führung, Human Relations, Personalbetreuung, Humanisierung von Arbeitsplätzen, -umgebung, -zeit, Organisations- und Personalentwicklung	Flexibilisierung der Arbeit und Arbeitskräfte, Rationalisierung des Entwicklungspotenzials, Aufbau quantitativer und freiwilliger Personalleistungen, Orientierung auf Freisetzungspolitik	Unternehmerisches Mitwissen, Mitdenken, Mithandeln und Mitverantworten in allen wesentlichen Unternehmensentscheidungen. Damit integrierte und gleichberechtigte Mitwirkung bei der Unternehmensphilosophie, -politik und –strategie mit besonderer Berücksichtigung von „Mensch und Arbeit". Evaluation der ökonomischen und sozialen Folgen von Unternehmensentscheidungen (Personal-Controlling)

Abb. 3.1 Idealtypische Phasen des Personalmanagements. (entnommen anhand vorangehender Quellenanmerkung)

Anhand dieser Kurzdarstellung zeigt sich sehr deutlich, dass bereits in den vorangegangenen Jahrzehnten strategische und konzeptionelle Themenstellungen die Fachliteratur wesentlich mitbestimmten, aber in die tägliche Praxis wurde diese selten umgesetzt.

Nimmt man nun die immer stärker werdenden Entwicklungen in der Wirtschaft hinzu, wie beispielsweise die immer stärker zu spürende Globalisierung, der zunehmende Wettbewerb um talentierte Nachwuchskräfte, die Zunahme von diskontinuierlichen Berufsentwicklungen oder die Alterung der Gesellschaft, so wird sehr schnell deutlich, wie wichtig und damit mitentscheidend für einen langfristigen Unternehmenserfolg die professionelle Personalarbeit für das Unternehmen ist.

Wenn man darüber hinaus zu den zuvor dargestellten Entwicklungsphasen des Personalmanagements noch die generelle Einschätzung hinsichtlich der Ressource Personal auf den Unternehmenserfolg hinzufügt, die in zunehmender Weise von den Entscheidungsträgern in den Unternehmen als sehr ausschlaggebend bewertet wird, dann wird das tatsächliche Defizit zwischen Anspruch und Wirklichkeit umso eindeutiger sichtbar, nicht nur wegen seiner relativen, sondern auch absoluten Größe, wie schon zuvor aus der Gallup-Studie zitiert.

3.2 Human Ressource – Umfrageergebnisse

Die im Folgenden vorgestellten Umfrageergebnisse basieren unter anderem auf Benchmarking-Studien ausgewählter Personalfunktionen und umfassenden HR-Umfragen, die der Autor selbst durchgeführt hat.

Diese Umfragen erfolgten über einen mehr als zehnjährigen Zeitraum, und zwar branchenübergreifend, von Finanzdienstleistern über Maschinenbau bis hin zum Logistiksektor, und zwar im Bereich von Mittelstands- und Groß-Unternehmen.

Um sich auf wesentliche Komponenten im Personalmanagement konzentrieren zu können, sind drei Themenkomplexe an dieser Stelle von besonderem Interesse, die selbstverständlich auch als Orientierungsfragen für das eigene Unternehmen genutzt werden können:

- Inwieweit besteht eine strategische Ausrichtung im Human Ressource Management?
- Wie verhält es sich mit der Verteilung der Kapazitäten in den einzelnen Personal-Kernfunktionen?
- Welches Rollenverständnis hat der Personalbereich und wie wird es umgesetzt?

Zur **ersten Frage:** bezüglich einer HR-Strategie ergeben sich folgende Ergebnisse im Überblick, wobei an dieser Stelle nochmals darauf hinzuweisen ist, dass es sich dabei jeweils um branchenübergreifende Mittelwerte handelt:

	Ja	Nein
– Besteht eine schriftliche Gesamtstrategie im Unternehmen?	85%	15%
– Erfolgt hierbei eine Beteiligung des Personalbereichs?	60%	40%
– Besteht eine schriftliche Strategie für den HR-Bereich?	35%	65%

Davon für   1 Jahr
                3 Jahre
                5 Jahre
	(25%)
	(55%)
	(25%)	

3.2 Human Ressource – Umfrageergebnisse

– Erfolgt im Unternehmen eine Messung der in der Strategie festgelegten Ziele?	70%	30%
– Erfolgen diese Erfolgsmessungen auch auf Geschäftsfeldebenen?	40%	60%
– Halten Führungskräfte die im Unternehmen geleistete Personalarbeit für messbar?	30%	70%
– Wie wird der Nutzenbeitrag einer HR-Strategie in den folgenden HR-Feldern eingeschätzt		
• Personalgewinnung	Geringer Nutzenbeitrag	< 40%
• Personalplanung	Hoher Nutzenbeitrag	> 70%
• Personalentwicklung	Hoher Nutzenbeitrag	> 80%
• Vergütung	Mittl. Nutzenbeitrag	Ø 50%
• Personalkosten	Hoher Nutzenbeitrag	Ø 70%
• Personalführung	Geringer Nutzenbeitrag	< 35%
– Worin liegen die hauptsächlichen Hindernisse in der Entwicklung einer HR-Strategie?		
• Fehlendes Know-how		ca. 40%
• Fehlende Instrumente		ca. 60%
• Angeblich nicht nachweisbarer Nutzen		ca. 75%

▶ **Fazit** Wesentliche Hindernisse, eine Personalstrategie zu entwickeln und sie auch hinsichtlich der Umsetzungsergebnisse zu bewerten, liegen vor allem in drei Punkten begründet:
- An der überwiegenden Zahl an Nichteinbindung des Personalbereichs, mitunter begründet auch im fehlenden Know-how dafür, sich in die Gestaltung der Unternehmensstrategie pro aktiv einzubringen,
- In den fehlenden Instrumentarien des Personalbereichs, die für die Steuerung der personalwirtschaftlichen Zielsetzungen erforderlich sind, sowie
- In der häufigen Überlastung vieler Personalabteilungen an administrativen Aufgaben und täglich neuen ad-hoc-Anforderungen seitens der Unternehmensleitung beziehungsweise der Geschäftsbereiche.

Abb. 3.2 Mitarbeiter-Relationen im Personalbereich

	Untere Q-Werte	Ø	Obere Q-Werte
– Personalbetreuung	5%	25%	40%
– Personalplanung	3%	5%	12%
– Personalentwicklung	8%	15%	20%
– Aus- und Weiterbildung	3%	10%	15%
– Grundsatzthemen	2%	5%	7%
– Controlling	2%	3%	6%
– Abrechnung	5%	22%	30%
– Administration(excl. Abrechn.)	8%	15%	20%
		= 100%	

Mit der *zweiten Fragestellung: Wie ist der HR-Bereich generell organisiert?* wird die Kapazitätsverteilung im Personalbereich im Durchschnitt, ergänzt durch untere und obere Quartilswerte dargestellt.

Dabei steht im Vordergrund die Frage der Aufteilung der zur Verfügung gestellten Mitarbeiterkapazität. Das heißt, die jeweilige Anzahl der Mitarbeiter wird gleich 100 % gesetzt mit der sich danach ergebenden Verteilung nach unten wie nach oben (siehe Abb. 3.2).

Dieser zunächst relativen Kapazitätsaufteilung des Personalbereichs, wie in Abb. 3.2 dargestellt, werden nun sogenannte „Best-Practice-Werte" wichtiger Personalfunktionen genannt, die im Rahmen von Benchmarking-Studien, wie bereits schon erwähnt, branchenübergreifend erhoben wurden. Dabei sind jedoch zwei wesentliche Punkte zu berücksichtigen:

- Zum einen können diese Werte nur als Orientierungswerte und nicht als Fixgrößen angesehen werden.
- Zum anderen sind hierbei die von den Unternehmen, die sich an den Studien dankenswerterweise beteiligt haben, extern eingekauften Dienstleistungen kapazitätsmäßig nicht mitberücksichtigt. Denn die zum Teil nicht unerheblichen Dienstleistungskomponenten können im Einzelfall die jeweilige Betreuungsrelation pro 1000 Mitarbeiter merklich verändern.

Hierzu einige **Betreuungsrelationen** (ohne externen Dienstleistungseinkauf) auf pro 1000 Mitarbeiter umgerechnet:

- Personalplanung: im Durchschnitt 1,4
- Personalbetreuung: im Durchschnitt 2,3
- Personalcontrolling: im Durschnitt 0,4
- Arbeitsrecht (im weitesten Sinne): im Durchschnitt 0,6
- Personalentwicklung: im Durchschnitt 1,8
- Aus- und Weiterbildung: im Durchschnitt 1,5
- Lohn-/Gehaltsabrechnung: im Durchschnitt 2,0
- Verwaltung: im Durchschnitt 1,5.

3.2 Human Ressource – Umfrageergebnisse

Dabei ist nochmals besonders darauf hinzuweisen, dass diese sogenannten rechnerischen Mittelwerte, im Sinne von „Bestmarken", nur als Orientierungsdaten angesehen werden können, da diese in der Regel entweder unter- oder überschritten werden. Hinzu kommt, dass oft nicht alle oben genannten Personalfunktionen in jedem an den Untersuchungen teilgenommen Unternehmen vorhanden waren, beispielsweise Personalcontrolling, oder immer nur temporär gegeben waren.

▶ **Fazit** Ein eindeutiges Gewicht liegt nach wie vor im Verwaltungsbereich; hingegen nimmt die planerische, strategische Funktion nur eine nicht nur quantitativ untergeordnete Rolle ein. Dies überrascht zwar nicht unter Berücksichtigung der zuvor ausgeführten Befragungsergebnisse zur strategischen Positionierung des Personalmanagements im Unternehmen, ist aber entscheidend, wenn sich dies in Zukunft ändern soll.

Kommen wir nun zur *dritten Fragestellung: Welches Rollenverständnis hat der Personalbereich?*

Hierbei sollte in der Befragung unterschieden werden nach dem eigenen Selbstverständnis der Mitarbeiter im Personalbereich (Eigeneinschätzung) und nach dem der internen Kunden, in diesem Fall der Führungskräfte (Fremdeinschätzung).

Dabei standen 5 verschiedene Rollen zur Beantwortung zur Verfügung:

- Berater (in personalrelevanten Fragestellungen)
- Dienstleister (mit definierten Serviceleistungen)
- Gestalter (neuer Personalsysteme und Instrumente)
- Moderator (im Rahmen von Veränderungsprozessen oder Organisationsentwicklungen)
- Verwalter (Schwerpunkt Administration).

Die Antwortmöglichkeiten sahen dabei wie folgt aus: Es konnten eine bis maximal fünf Rollen angegeben werden mit dem jeweiligen prozentualen Ansatz von insgesamt 100 %. Somit konnte ein Durchschnittswert pro Rollenverständnis ermittelt werden, der aussieht, wie in Abb. 3.3 dargestellt.

Stellt man dieser Selbsteinschätzung die Befragungsergebnisse hinsichtlich der Fremdeinschätzung durch die Vorgesetzten/Führungskräfte der gleichen Unternehmen gegenüber, so ergibt sich ein Bild wie in Abb. 3.4.

Die auf den ersten Blick erkennbaren, merklichen Differenzen liegen gerade in den zukunftsweisenden Rollen eines Personalbereiches, was nicht zuletzt den großen Unterschied zwischen Wunsch und Wirklichkeit unterlegt.

Dass dieser Zustand selbstverständlich nicht für alle Personalabteilungen gilt, lässt zwar immer wieder hoffen, kann aber nicht über den enormen Handlungsbedarf hinwegtäuschen, wenn der Personalbereich einen entscheidenden Wertbeitrag zum Unternehmenserfolg leisten soll. Dass er dies sehr wohl kann, wie zuvor schon kurz angesprochen, wird auf den folgenden Seiten auf praktische Weise dargelegt.

Abb. 3.3 Eigenes Rollenverständnis der Mitarbeiter im Personalbereich

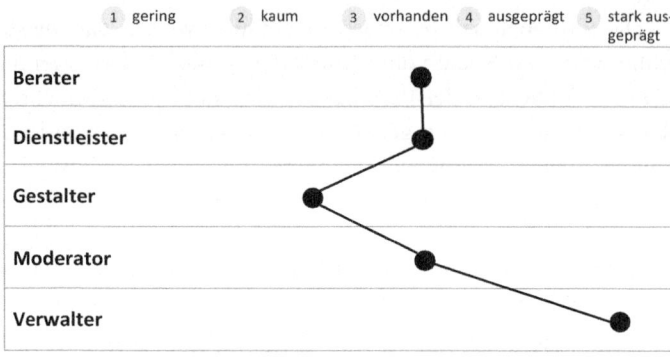

Abb. 3.4 Fremdeinschätzung hinsichtlich des Rollenverständnisses des Personalbereichs

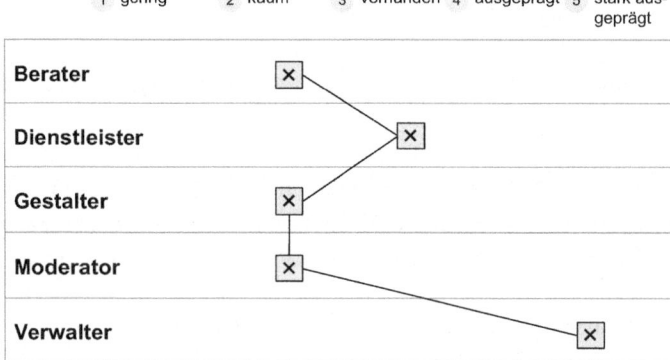

▶ **Fazit** Um die Umfrageergebnisse hinsichtlich des Rollenverständnisses unter der Hauptüberschrift „Personalarbeit zwischen Anspruch und Wirklichkeit" auf einen Blick zu erhalten, soll die folgende Abb. 3.5 dienen.

Doch anhand der folgenden Arbeitshypothesen kann dieses Auseinanderdriften zwischen Anspruch und Wirklichkeit sehr wohl umgekehrt werden.

3.3 Thesen als Arbeitshypothesen

Diese nun folgenden Thesen erheben nicht den Anspruch, die Anforderungen beziehungsweise Bedeutung der Personalarbeit in einem Unternehmen in Kurzfassung beschreiben zu können. Vielmehr dienen sie als eine Auswahl an Arbeitshypothesen zu wichtigen Kernpunkten der Personalarbeit, und zwar im Hinblick auf

- Strategische Ausrichtung
- Personalarbeit im Unternehmen
- Mitarbeiter
- Personalarbeit als Erfolgsfaktor

3.3 Thesen als Arbeitshypothesen

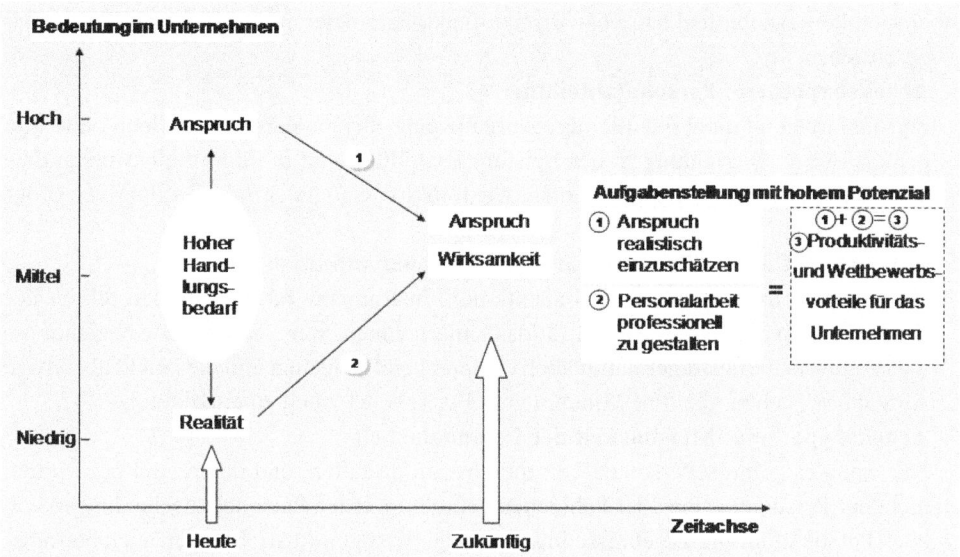

Abb. 3.5 Personalarbeit heute und zukünftig

- Personalabteilung
- Führungskräfte/Personalführung
- Messbarkeit der Personalarbeit
- Transparenz.

Diese auch auf praktischen Erfahrungen beruhenden Arbeitshypothesen wurden im Rahmen von mehreren Befragungen und Interviews überprüft und fanden ganz generell eine überdurchschnittlich positive wie auch zum Teil hohe Zustimmung.

1. **Arbeitshypothese: Strategische Ausrichtung**
   Personalarbeit ist ein langfristiges Geschäft mit hohem Investitionscharakter und stellt demzufolge zwingend eine an der Unternehmensstrategie ausgerichtete Funktion dar, und dies unabhängig von der jeweiligen Unternehmensgröße, was ganz entscheidend dabei ist.
2. **Arbeitshypothese: Personalarbeit**
   Personalarbeit ist nicht kopierbar, sondern vor allem geprägt durch die Unternehmenskultur, die Geschäftsfelder, den vorherrschenden Führungsstil und das Selbstverständnis der Personaler im Unternehmen, jedoch in seinen Grundkonzeptionen und Leistungsergebnissen sehr wohl messbar und damit gezielt steuerbar.
3. **Arbeitshypothese: Mitarbeiter**
   Die entscheidende Ressource Personal für den Unternehmenserfolg wird in Zukunft stärker als bisher vom Markt her bestimmt werden mit der Folge einer immer wichtiger werdenden Personalentwicklung und einer wettbewerbsfähigen Vergütung.
4. **Arbeitshypothese: Personalarbeit als Erfolgsfaktor**
   Die Bedeutung der Personalarbeit für den Unternehmenserfolg wird allzu häufig unterschätzt, selten qualitativ und quantitativ bestimmt und damit im Unternehmensinteresse

hinsichtlich sozialer und betriebswirtschaftlicher Parameter nur bedingt nachvollziehbar beschrieben.

5. **Arbeitshypothese: Personalabteilung**
Personalarbeit ist nicht die alleinige Aufgabe einer Personalabteilung. Doch ohne ihre professionelle Ausrichtung in der Leistungserstellung und in ihrem Selbstverständnis als Dienstleister bleibt diese Unternehmensfunktion weit unter ihren produktiven Möglichkeiten.

6. **Arbeitshypothese: Führungskräfte mit Personalverantwortung**
Die besten Human Ressource Konzeptionen, Instrumente oder Methoden führen nur dann zu einem adäquaten Nutzen für das Unternehmen, wenn Vorgesetzte beziehungsweise Entscheidungsträger damit auch entsprechend umgehen und dies nicht als lästige Aufgabe verstehen, die fünf Minuten vor „Feierabend" noch zu erledigen ist.

7. **Arbeitshypothese: Messbarkeit der Personalarbeit**
Nur wenn es gelingt, Personalarbeit messbar zu gestalten, und damit sind bei weitem nicht nur Personalkosten oder Fehlzeiten gemeint, werden Personalentscheidungen wie auch Personalführungsergebnisse in ihren längerfristigen Ausrichtungen auch betriebswirtschaftlich im Sinne des Nutzenbeitrags steuerbar.

8. **Arbeitshypothese: Transparenz**
Personalarbeit muss transparent und nachvollziehbar gemacht werden, und zwar ausgerichtet auf ihre internen und externen Kundengruppen. Denn ihre Zielgruppen, unabhängig ob es sich um Bewerber, Mitarbeiter, Führungskräfte oder einzelne Mitarbeitergruppen handelt, können heutzutage nicht mittels Emails oder Schreiben für alle erreicht werden.

Um es nochmals zu betonen: Diese acht Arbeits-Hypothesen dienen dazu, wesentliche Kernelemente professioneller Personalarbeit kurz und prägnant auf den Punkt zu bringen, um damit gerade die Komplexität der Personalarbeit im Unternehmen nachvollziehbarer und vor allem mit wenig Zeitaufwand für den Leser aufzeigen zu können.

Denn all die darin genannten Faktoren, wie beispielsweise Transparenz, Messbarkeit oder strategische Ausrichtung, sind sowohl für das eigene Unternehmen wie für Vorgesetzte/Führungskräfte relevant. Doch diese Relevanz muss in ihren ökonomischen (unternehmensorientiert) und sozialen (mitarbeiterorientiert) Komponenten den Entscheidungsträgern in der Unternehmensführung wie auch den Vorgesetzten klar und eindeutig für ihr Unternehmen aufgezeigt werden, was direkt zum nächsten Kapitel überleitet.

Herausforderungen an professionelle Personalarbeit

4

> **Zusammenfassung**
>
> Zunächst werden kurz zwei Wege einer Professionalisierung der täglichen Personalarbeit beschrieben wie auch die erforderliche Notwendigkeit, sich auf ausgewählten Kernfunktionen der Personalarbeit zu konzentrieren.
>
> Als einen sehr interessanten und wichtigen und damit auch entscheidenden Punkt für jedes Unternehmen wird eine internationale Erhebung als ein objektiver Beleg dafür angeführt, dass professionelles Personalmanagement zu verbesserten Betriebsergebnissen führt.
>
> Um dann im vierten Abschnitt „Verantwortung – Kern jeglicher Leistung/Führungsleistung" die enge Verzahnung zwischen verantwortungsvoller Führung (Mitarbeiterführung) und erfolgreicher Personalarbeit als Ganzes darzulegen und ihre Bedeutung für den Erfolg eines Unternehmens aufzuzeigen.

Generell kann man zwei Richtungen hinsichtlich der Herausforderungen an das Personalmanagement eines Unternehmens sehen. Zum einen geht es um

- die erforderliche *Professionalisierung der Personalarbeit* unter Einbeziehung der Vorgesetzten/Führungskräfte

und zum anderen handelt es sich um

- die *Konzentration auf die für ein Unternehmen relevanten Kernprozesse* und deren optimale Steuerung seitens des Personalbereichs.

© Springer Fachmedien Wiesbaden GmbH 2017
G. Hölzerkopf, *Personalarbeit – Markenzeichen eines jeden Unternehmens*,
DOI 10.1007/978-3-658-13132-6_4

Diese beiden Richtungen bedingen sich zwar gegenseitig, wegen der besseren Übersicht und vor allem der besseren Verifizierungsmöglichkeiten werden sie jedoch in zwei Abschnitten dargestellt.

4.1 Erforderlichkeiten einer professionellen Personalarbeit

Was kann man unter Professionalisierung der Personalarbeit verstehen beziehungsweise worin drückt sie sich aus?

Hierzu zunächst einige wesentliche Kernaussagen beziehungsweise Erfordernisse einer professionellen Personalarbeit im Überblick.

Kernaussagen und Erfordernisse einer professionellen Personalarbeit
- **Strategischer Ausrichtung** im Rahmen unternehmensrelevanter Faktoren,
- Notwendigkeiten **konzeptioneller Arbeit** im Rahmen des Personalmanagements erkennen und umsetzen,
- Einbringen erforderlicher **Fach- und Methodenkompetenz** in die Personal-Kernfunktionen, beispielweise Einstellung, Qualifizierung oder Vergütung,
- Nutzung von **DV-Expertensystemen** nicht nur im Rahmen verwaltungsorientierten Aufgabenstellungen, sondern auch zur Informationssteigerung,
- differenziertes **Rollenverständnis** der HR-Verantwortlichen und Mitarbeiter je nach Aufgabenstellung, zum Beispiel Berater, Moderator, Spezialist oder Coach, und je nach Kundengruppe, wie zum Beispiel Bewerber, Auszubildende, Fachkräfte oder Führungskräfte,
- **Optimierung der Geschäftsprozesse** im Hinblick auf die drei allseits bekannten Kriterien:
  - Kostenkomponente, wie zum Beispiel differenzierte Prozesskosten,
  - Qualitätskomponente, wie zum Beispiel Vakanzzeiten offener Stellen, sowie
  - Zeitkomponente, Beispiel: Antwortzeiten des Personalbereichs auf konkrete Besetzungsanforderungen,
- Primat der **Kundenorientierung** seitens des Personalbereichs betreiben,
- rechtzeitiges **Einbinden der Linie** (Entscheidungsträger) in konzeptionelle Entwicklungen/Aufgabenstellungen des Personalmanagements durch den Personalbereich.

Dass eine dementsprechend erforderliche Expertise für ein erfolgreiches Personalmanagement stets in Abhängigkeit zur Größe des Unternehmens und damit auch zum Umfang in der Aufgabenstellung des jeweiligen Personalbereiches steht, ist zwar für viele evident, wird aber immer wieder bei unternehmensinternen Diskussionen nicht berücksichtigt, wenn es um die angestrebte Effektivität des Personalressorts geht.

4.2 Konzentration auf Kernfunktionen

Hierin liegt die zweite Herausforderung an das HR-Management, nämlich einer Konzentration auf Kernfunktionen im Personalmanagement, nicht zuletzt auch aus ökonomischen Gründen. Diese zwar für alle Geschäftsfelder eines Unternehmens immer wiederkehrende Forderung einer Konzentration auf das sogenannte Kerngeschäft gilt in besonderem Maße auch für die Personalarbeit.

Denn ein ganz großer Mangel besteht oft darin, dass vielerorts Personalabteilungen die Meinung vertreten, „sie müssten alles machen" – unabhängig davon, ob sie über die genügende Kompetenz in den jeweilig speziellen Fragestellungen oder auch zum entsprechenden Zeitpunkt über ausreichende Mitarbeiterkapazitäten verfügen.

Stattdessen fühlen sich viele (Personalabteilungen) für alles in Richtung Personalarbeit zuständig. Sie nehmen dementsprechend allzu oft jeden „Auftrag" an, ohne oft über die dafür erforderlichen Kapazitäten (quantitativ wie qualitativ) zu verfügen. Damit vermitteln sie häufig den Eindruck, dass alle an sie gestellten Anforderungen gleich wichtig sind.

Dass damit allein schon eine Überforderung einhergeht, die sich dann auch noch oft in Form von Insellösungen oder ad-hoc-Lösungen ausdrückt, ist ein sich selbst erklärender Sachverhalt. Diesen Zustand beklagen im Übrigen viele aus dem Personalbereich sogar selbst, sehen sich jedoch selten in der Lage, diesen Zustand in der jeweiligen Situation verändern zu können.

Von daher kommt einer effektiven Arbeitsteilung zwischen Linien-Vorgesetzten und Personalbereich eine wichtige Bedeutung zu, und zwar insbesondere im Hinblick auf die Wahrnehmung der Personalführung seitens der Vorgesetzten zum einen und deren Einbindung in strategische und konzeptionelle Fragestellungen auf dem HR-Sektor zum anderen.

Von daher kommt einer externen Zusammenarbeit seitens des Personalressorts immer eine gewisse Bedeutung zu. Geht es doch dabei um die Frage des Einkaufs nicht selbst erstellter, aber erforderlicher Produkte und Dienstleistungen im Personalmanagement. Hierbei einen optimalen Leistungsmix zwischen interner und externer Arbeitsteilung zu planen und zu steuern ist Aufgabe des Personalbereichs.

Was ist nun noch ausschlaggebend für diese zweite Herausforderung an das HR-Management, nämlich einer Konzentration auf das Kerngeschäft?

Zur besseren Übersicht auch hierzu einige Eckpunkte einer Konzentration auf das Kerngeschäft des Personalbereichs, die wie folgt zusammengefasst werden können.

> **Eckpunkte einer Konzentration auf das Kerngeschäft des Personalbereichs**
> - Jährliche Ausrichtung der Personalarbeit an den Unternehmens- und Geschäftsfeldzielen.
> - Stete Berücksichtigung der generell wichtigsten Kernprozesse, auch auf mittlere Sicht: Personalgewinnung und Personalauswahl, Personalführung und Personalentwicklung sowie ein flexibles und leistungsorientiertes Vergütungssystem

> neben arbeitnehmervertretungsrelevanten Aufgabenstellungen und ausgewählten Serviceleistungen.
> - Optimierung der eigenen Fertigungstiefe hinsichtlich interner und externer Leistungserstellung nach personal- und betriebswirtschaftlichen wie auch geschäftspolitischen Kriterien.
> - Erreichung hoher Standards in Fragen der Administration, nicht zuletzt unter Nutzung innovativer IT-Lösungen.

Was in dem einzelnen Unternehmen letztlich zum Kerngeschäft einer Personalabteilung gehört, welche Aufgaben von der Linie beziehungsweise von zentralen Fachabteilungen wahrgenommen werden und welche Dienstleistungen extern bezogen werden, wird thematisch entsprechend in Kap. 7 näher behandelt.

Jedoch gelten die Herausforderungen an das Personalmanagement für jedes Unternehmen zwar in ganz unterschiedlichen Intensitäten und Größenordnungen, aber oft von den gleichen beziehungsweise ähnlichen Eckpunkten bestimmt.

Zusammenfassend können daher die „Herausforderungen an das HR-Management" mit folgenden Komponenten generell beschrieben werden.

> **Herausforderungen an das HR-Management**
> - Unternehmensausrichtung (strategie- und geschäftsfeldbezogen)
> - Kundenorientierung (strategie- und geschäftsfeldbezogen)
> - Operative Ausrichtung (unternehmens- und bereichsbezogen)
>   – Wertschöpfungsansatz (Nutzenbeitrag)
> - Organisationsentwicklung (unternehmensbezogen)
> - Personalentwicklung (mitarbeiterbezogen)
> - Service & Logistik (funktionsbezogen)

Auf Grund der zuletzt beschriebenen Komplexität der Personalarbeit und der bestehenden (begrenzten) Ressourcen hierfür wird die Notwendigkeit einer klar definierten Konzentration auf ausgewählte Kerngeschäfte ersichtlich. Dass sich diese im Zeitablauf ändern, bedingt unter anderem durch inner- und außerbetriebliche Faktoren eines Unternehmens, ist selbstverständlich und soll nur der Vollständigkeit halber an dieser Stelle erwähnt werden.

4.3 Verbesserte Betriebsergebnisse mittels professioneller Personalarbeit

Betrachtet man nun konkret die ökonomischen Chancen, die in einer effektiven und damit professionellen Personalarbeit liegen, ist hierfür eine im Rahmen eines Symposiums für HR Führungskräfte vorgestellte Studie von besonderem Nutzen.

Denn sie zeichnet sich durch bemerkenswerte Untersuchungsergebnisse aus, und zwar zum Themenkomplex „Effektivität der Personalfunktion optimieren – Den Unternehmenserfolg durch HR Business Partner steigern". An der Erhebung haben danach etwa 100 internationale Unternehmen teilgenommen mit einer hohen Befragten-Teilnehmerzahl an Managern in operativen Bereichen und auch an Mitarbeitern im Personalbereich.

Folgende generellen Ergebnisse, die in dem zuvor genannten Symposium genannt wurden, sprechen eine eindeutige Sprache und sind deshalb an dieser Stelle hervorzuheben:

- **Umsatzsteigerungen** von 7 % und **Gewinnsteigerungen** von 9 % sind durch verbesserte Effektivität der Personalabteilungen zu erzielen.
- Die **Qualität** der HR-Businesspartner und die strategische Wirkung der HR-Arbeit sind eng miteinander verbunden.
- **Effektivität** wird zu über 50 % von der Persönlichkeit der HR Businesspartners und zu über 40 % vom Jobdesign bestimmt.

Wichtig sind von daher folgende **Schlussfolgerungen:**

1. **Personalarbeit ist in seiner Leistungserstellung wie auch Wirkung messbar**, was für Führungskräfte im Unternehmen wie auch für Mitarbeiter des Personalbereichs oft nicht machbar gehalten oder als zu kostenaufwendig bezeichnet wird.
2. Professionelle Personalarbeit hat nachweisbare, und zwar **ergebnisverbessernde Auswirkungen auf die Geschäftsergebnisse** eines Unternehmens.
3. Wenn die einzelnen Geschäftsfelder eines Unternehmens effektive Unterstützung seitens ihres Personalbereiches erhalten, **steigen Umsatz und Gewinn,** was naturgemäß ein gemeinsames Verständnis beider Seiten voraussetzt.

Dass diese zuvor zitierten Ergebnisse selbstverständlich im Rahmen der an der Untersuchung beteiligten Unternehmen zu sehen sind, es sich dabei häufig um Unternehmen mit einem ausgebauten Personalmanagement handelt und damit die Steigerungsraten zwangsläufig moderater ausfallen, unterstreicht nur die ökonomische und soziale Bedeutung effektiver Personalarbeit für ein Unternehmen umso deutlicher.

Mit anderen Worten:

▶ In einem Unternehmen mit noch ausbaufähigem Personalbereich fallen die Steigerungsraten der zuvor genannten betriebswirtschaftlichen Kriterien weitaus höher aus als die zuvor genannten Umsatzsteigerungen von 7 % und Gewinnsteigerungen von 9 %.

Diese für sich sehr eindeutig sprechenden Ergebnisse werden in ihrer Bedeutung für ein Unternehmen noch durch die in Kap. 2 zuvor kurz zitierten jährlichen Erhebungsdaten seitens des Gallup-Instituts verstärkt, wo es heißt, dass der deutschen Wirtschaft ein erheblicher Schaden von seinerseits über 200 Mrd. Euro auf Grund mangelnder Führung jährlich entsteht.

Die zuletzt genannten Ergebnisse unterstreichen nicht nur die vom Autor seit Jahren vertretenen Thesen der Messbarkeit von Personalarbeit, wie auch die Umsetzung einer Professionalisierung des Personalbereichs in einem überschaubaren Zeitraum möglich ist, sondern belegen die Wechselwirkungen zwischen professioneller Personalarbeit und Geschäftsergebnis.

▸ Diese Tatsache der eindeutigen quantitativen und qualitativen Nachweisbarkeit der Personalarbeit wie auch der Führungsleistung dürfte gerade für Führungskräfte wie auch für die Unternehmensleitung nicht nur von besonderem Interesse sein, sondern gibt ihnen auch argumentativ die Möglichkeit geben, entsprechende Zielsetzungen im eigenen Unternehmen zu praktizieren.

Von daher spielt in diesem Zusammenhang auch immer die Frage nach der Verantwortlichkeit/Verantwortung für die Umsetzung solcher Zielvorgaben eine wesentliche Rolle. Womit der nächstfolgende Abschn. 4.4 „Verantwortung – Kern jeglicher Leistung/Führung" angesprochen ist.

4.4 Verantwortung – Kern jeglicher Leistung/Führung

Alle Welt spricht von *Verantwortung*. Nur was jeweils darunter verstanden wird beziehungsweise zu verstehen ist, weiß oft kaum einer zu sagen. Beobachten kann man dies selbst, und zwar wie häufig am Tag, auch einem selbst gegenüber, das Wort „Verantwortung" benutzt wird. Und dies erfolgt unabhängig davon, ob es sich dabei um Nachrichten in den Medien, um das Reklamieren von Mängelbeseitigungen oder aber auch um Fragen im Rahmen der Mitarbeiterführung handelt.

Dabei ist es unerheblich, ob es sich um die eigene Führung oder die Führung eines Unternehmens handelt. Doch Tatsache ist, dass die Verantwortung ein elementar wichtiger Bestandteil einer Leistungserstellung ist, ja sogar von manchen als „Kern der Leistung" angesehen werden kann, dem sich der Autor nur anschließen kann. Und diese These gilt in vielfacher Weise auch im Rahmen der Personalarbeit oder Personalführung. Dies zeigt sich nicht zuletzt in dem eingangs genannten Zitat: *„Für ein Unternehmen Verantwortung zu tragen, ist ein Lebensstil."*

Deshalb soll an dieser Stelle nun der Versuch unternommen werden, den Begriff „Verantwortung" im Zusammenhang mit Führung näher zu verifizieren, um ihn inhaltlich in Bezug auf Führungsergebnisse auch nachvollziehbar zu machen. Dies soll anhand von

4.4 Verantwortung – Kern jeglicher Leistung/Führung

Arbeitshypothesen erfolgen analog wie zuvor im Zusammenhang mit der „Personalarbeit". Dabei stützt sich der Autor auch auf seine Arbeiten im Zusammenhang mit dem seinerseits herausgegebenen Buch „Führung auf den Punkt gebracht".

Dabei erheben die einzelnen Arbeitshypothesen natürlich nicht den Anspruch, alle diesbezüglichen Spezifikationen von Verantwortung in Kurzfassung beschreiben zu können, schon gar nicht, wenn es darum geht, Verantwortung für unterschiedliche Führungssituationen zu erfassen.

Außerdem stellt die Reihenfolge dieser einzelnen Thesen nicht ihre Bedeutung dar, sondern dies ist vor allem situationsabhängig:

1. **Arbeitshypothese:**
   Verantwortung wollen viele haben, aber oft nur wenige stellen sich ihr.
2. **Arbeitshypothese:**
   Zuverlässigkeit ist ein idealer Lackmusstreifen, verantwortungsvolles Handeln zu erkennen, damit ist auch Kommunizieren mit den Mitarbeitern gemeint, oder auch genau dessen Gegenteil.
3. **Arbeitshypothese:**
   Verantwortung ist fast immer messbar. Es kommt nur darauf an, ob sie zuvor anhand nachvollziehbarer Kriterien, quantitativer wie auch qualitativer Art, definiert wurde, die hinterher auch noch gelten.
4. **Arbeitshypothese:**
   In der täglichen Kommunikation erkennt jeder, wie er selbst und sein Umfeld mit der dabei oft verbundenen Verantwortung umgehen müsste.
5. **Arbeitshypothese:**
   Verantwortung wird oft im Beruf, ähnliches gilt auch im Alltag, vor allem dann mehr von den anderen (ein)gefordert als von sich selbst, wenn ein Problem nicht unmittelbar von einem selbst gelöst werden kann oder auch falsch gelöst wird.
6. **Arbeitshypothese:**
   Je mehr von Verantwortung im Nachhinein die Rede ist, umso weniger wurde sie vorher wahrgenommen im Sinne von „sich dafür verantwortlich zu fühlen beziehungsweise danach zu handeln".
7. **Arbeitshypothese:**
   Wenn jeder nur die Verantwortung auch tatsächlich wahrnähme, die jeweils mit der übertragenen Aufgabe verbunden ist, stieg nachweislich, beispielsweise die Effektivität, in der täglichen Arbeit mehr als nur merklich an, beziehungsweise wären mitunter schwerwiegende Fehlleistungen erst gar nicht entstanden.
8. **Arbeitshypothese:**
   Verantwortung kann als „Kern einer Leistung/Führungsleistung" bezeichnet werden; und dies ist unabhängig davon, ob es sich um Leistungen in der Wirtschaft, in der Gesellschaft oder in persönlichen Lebensbereichen handelt.

Diese acht Thesen sind in Interviews wie auch in Erhebungen oft überprüft worden und fanden naturgemäß nicht immer uneingeschränkte Zustimmung. Entscheidend dabei ist jedoch, dass die jeweils angesprochenen Zielrichtungen der einzelnen Arbeitshypothesen als durchaus zutreffend bezeichnet oder zumindest als nachvollziehbar angesehen werden.

Entsprechend der mehrfach überprüften und stets bestätigten These, dass „Führung auch immer Ausdruck der eigenen Einstellung und Werthaltung ist", können die folgenden Prinzipien der zuvor genannten Faktoren aus praktischer Sicht verifiziert und auch als Maßstab mit herangezogen werden:

- Führung sollte mittels eindeutiger Zielbestimmung und Orientierungsmarken für die Beteiligten im Prozess erfolgen.
- Das Festlegen von Prioritäten besteht von Anfang an und wird je nach Situationsverlauf neu darauf ausgerichtet.
- Verantwortung wird persönlich übernommen und als Pflicht gegenüber den Beteiligten verstanden.
- Kommunikation wird als produktives (erforderliches) ‚Schmiermittel' für die Zusammenarbeit aktiv praktiziert und erfolgt immer dann, auch auf emotionale Weise, wenn es erforderlich ist.
- Konzentration auf die wichtigsten Erfolgsparameter unter Einbeziehung möglicher Gefährdungspotenziale.
- Einsatz einfacher Arbeitspläne zwecks Transparenz und zielorientierter Steuerungsmöglichkeiten.
- Anerkennung der Leistung anderer, wobei die Formen hierfür ganz unterschiedlich sein können, natürlich materieller Art, aber auch immaterielle Werte sind von nicht zu unterschätzender Bedeutung. (Hölzerkopf 2005)

Literatur

Hölzerkopf, Gerhard. 2005. *Führung auf den Punkt gebracht*. 78. Wiesbaden.

Systematik im Personalmanagement 5

> **Zusammenfassung**
>
> In diesem Kapitel liegt der Schwerpunkt im Aufzeigen einer systematischen Ausrichtung des Personalmanagements sowie einem Modellansatz, der insbesondere die Komplexität der Managementfunktion „Personal/Human Ressource" auf wesentliche Eckpunkte fokussiert sowie einige generelle Erfordernisse hierzu.

Da das HR-Management in der täglichen Praxis immer durch die Art und Umfang einer Arbeitsteilung zwischen den einzelnen Trägern bestimmt wird, werden die wichtigsten Gruppierungen hierzu kurz genannt sowie ein Praxis-Beispiel an arbeitsteiliger HR-Funktionszuordnung, da ihr naturgemäß dabei eine wichtige Rolle im Hinblick auf die Mitarbeiter-Führungsrolle der Vorgesetzten zukommt.

5.1 Generelle Erfordernisse systematischer Personalarbeit

Folgender Grundsatz sei gleich zu Anfang dieses Kapitels hervorgehoben: Eine Systematik im Personalmanagement eines Unternehmens ist zwar nicht das A & O erfolgreicher Personalarbeit, aber ohne eine nachvollziehbare Systematik – für den Personalbereich selbst wie auch für seine internen „Kunden" – kann es nur eine bedingt zufriedenstellende Leistungserstellung in den einzelnen Aufgabenfeldern des Personalmanagements geben.

Dass diese Leistungsergebnisse zum Beispiel im Bereich der Fortbildung oder der Personalentwicklung in ihrem Stellenwert für das einzelne Unternehmen sehr unterschiedlich ausfallen können, ändert nichts an dem derzeitigen Gesamtbild der Personalarbeit in den Unternehmen, wie es zuvor dargelegt wird.

© Springer Fachmedien Wiesbaden GmbH 2017
G. Hölzerkopf, *Personalarbeit – Markenzeichen eines jeden Unternehmens*,
DOI 10.1007/978-3-658-13132-6_5

Abb. 5.1 Generelle Erfordernisse erfolgreicher Personalarbeit

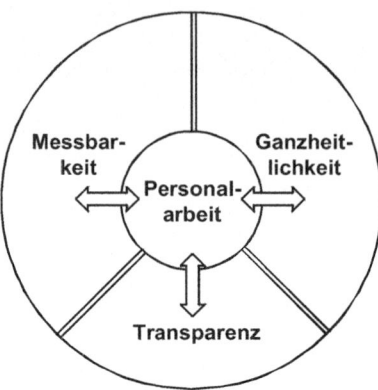

Die Gründe hierfür sind, wie schon in den Seiten davor ausgeführt, verschiedenster Art. Denn die Vielschichtigkeit in den Aufgabenstellungen des Personalmanagements, die verschiedenen Träger der Personalarbeit mit ihren zum Teil divergierenden Interessenlagen sowie den nicht unerheblichen Sachzwängen, wie sie zum Beispiel auf Grund der Flut an Gesetzen, Bestimmungen und deren permanenten Änderungen entstehen, erfordern geradezu eine Systematik für das eigene Planen und Handeln des Personalbereiches.

Eine betriebsspezifische Systematik für das Personalwesen ist somit eine der wichtigsten Voraussetzungen für eine professionelle Personalarbeit, um darauf aufbauend unter anderem die wesentlichen Zielgrößen und Personalstrategien festzulegen. Und eine solche Systematik unterstützt gleichermaßen alle Träger der Personalarbeit im Unternehmen, insbesondere die Führungskräfte.

Um zu solch einer erforderlichen Systematik zu gelangen, ist es deshalb notwendig und hilfreich zugleich, sich einmal die damit verbundenen *generellen Erfordernisse* vor Augen zu führen, wie

> **Generelle Erfordernisse erfolgreicher Personalarbeit**
> - eine Ganzheitlichkeit in der Ausrichtung des Personalmanagements anzustreben,
> - eine Transparenz in der Leistungserstellung und deren „Vermarktung" im Unternehmen herzustellen sowie
> - eine Messbarkeit ausgewählter, relevanter Ziel- und Prozess-Indikatoren zu ermitteln.

Zusammengefasst auf einen Blick soll dies in der Abb. 5.1 auch optisch unterlegt werden.

Die Erforderlichkeit aller drei genannten Faktoren ergibt sich aus den folgenden Ableitungen:

- Ohne *ganzheitliche Ausrichtung* des Personalmanagements bleibt es stets unterhalb seines optimalen Nutzenbeitrags zum Unternehmenserfolg, unter anderem auf Grund un-

terschiedlicher Prioritäteneinschätzungen der Entscheidungsträger sowie der damit verbundenen Ressourcenverteilung für die einzelnen Funktionen im Personalmanagement.
- Ohne *Transparenz,* zum Beispiel in den Leistungsbeziehungen zwischen dem Personalbereich und seinen internen Kunden, insbesondere mit den jeweiligen Geschäftsbereichen, können nur bedingt Qualitäts- und Kostenverbesserungen erzielt werden, sofern Zielwerte überhaupt bestehen und die fehlende Möglichkeit, zum Beispiel bei sich abzeichnenden negativen Entwicklungen rechtzeitig gegenzusteuern.
- Ohne *Messbarkeit,* beispielsweise der Leistungsprozesse und Leistungsergebnisse, ist eine wirkungsvolle Effektivitäts- und Effizienzsteuerung des HR-Managements überhaupt nicht gegeben und damit auch kein nachhaltiger Nutzenbeitrag im Sinne der Unternehmens- beziehungsweise Geschäftsfeldziele nachvollziehbar und damit steuerbar.

Dass sich diese drei Kriterien auch noch gegenseitig bedingen, liegt in der Natur der Thematik. Entscheidend dabei ist jedoch, diese Erforderlichkeiten als Ganzes im Hinblick auf ihre Wirkungszusammenhänge zu sehen. Nur dann kann auch der gewünschte Effekt in Richtung einer professionellen Personalarbeit gelingen.

Doch wie kann nun eine solche Systematik in der Praxis konkret aussehen? Ein praktisches Beispiel, wie eine solche Antwort aussehen kann, wird nun im nächsten Abschnitt aufgezeigt.

5.2 Integrativer Modellansatz

Ausgehend von der These

„Ein systematisches Personalmanagement führt zu höherer Leistung, fördert Potenziale und schafft damit Wettbewerbsvorteile zum Nutzen des Unternehmens und der Mitarbeiter zugleich."

kann Personalarbeit jedoch nur dann einen entscheidenden Beitrag zur Produktivitätssteigerung im Unternehmen leisten, wenn entsprechende Kriterien im Vorfeld festgelegt und transparent werden, an denen die personalwirtschaftlichen Maßnahmen und Ergebnisse gemessen werden können.

Die Darlegung eines solchen integrativen Modellansatzes erfolgt nun in drei Schritten:
1. Schritt: Gesamtausrichtung des HR-Managements
2. Schritt: Systematik im Personalmanagement
3. Schritt: Erfolgsfaktoren systematischer Personalarbeit

Gesamtausrichtung des HR-Managements

Im 1. Schritt ist von entscheidender Bedeutung, einen strategischen Bezug der Personalarbeit im Unternehmen herzustellen, um somit eine an den Unternehmens- bzw. Bereichszielen ausgerichtete Human Ressource Management Strategie überhaupt definieren

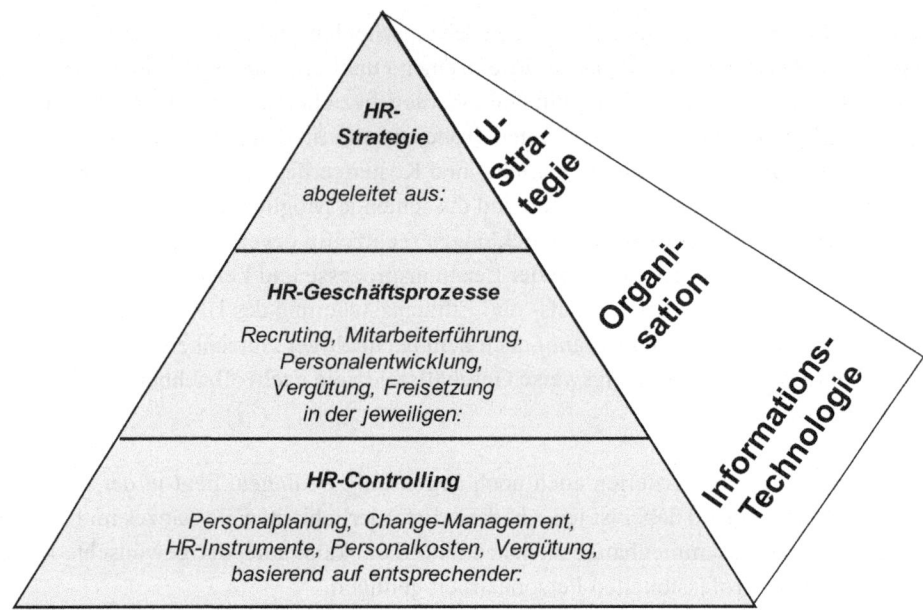

Abb. 5.2 HR-Management im Überblick

zu können. Im folgenden Schaubild (Abb. 5.2) wird dieser Sachverhalt visualisiert sowie anhand einiger Beispiele erläutert.

Um es auch an dieser Stelle nochmals besonders hervorzuheben: Die strategische Ausrichtung der Personalarbeit an der Strategie des Unternehmens generell und der jeweiligen Geschäftsfelder im Speziellen ist unabdingbar und von ausschlaggebender Bedeutung. Denn wie sonst ist es möglich, zum Beispiel die richtigen Mitarbeiter für die zu besetzenden Positionen der verschiedenen Unternehmensbereiche für den richtigen Zeitpunkt für das Unternehmen zu gewinnen beziehungsweise intern zu qualifizieren. Dies setzt naturgemäß ein Verstehen und ein sich Hineinversetzen seitens des Personalbereichs in die jeweilige Situation der betreffenden Geschäftsfelder voraus.

Dieser in einfacher Form „auf den Punkt gebrachte Sachverhalt" hinsichtlich einer Gesamtausrichtung des HR-Managements schildert in wenigen Sätzen die Voraussetzungen beziehungsweise Wirkungszusammenhänge, die immer wieder in vielen Unternehmen unterschätzt werden.

So auch die Tatsache, dass es eben in der Regel nicht genügt, dem Personalbereich eine kurze Mitteilung über eine vakante Stelle zu geben. Denn Personaleinstellungen sind in der überwiegenden Zahl langfristige Investitionen, zumindest im Fachkräfte- und Führungskräftebereich, die bei einer entsprechend vereinfachten Hochrechnung (wie zu Beginn des Buches schon kurz ausgeführt) in der Regel im oberen sechsstelligen Euro-Bereich oder auch darüber liegen.

Denn so werden bei jeder Sachkostenentscheidung in dieser Höhe in der Regel ein Vielfaches an Zeit und Kapazitäten einschließlich Beschlussvorlagen aufgewandt und eingesetzt, um die für das Unternehmen richtige Maßnahme zu treffen. Nur mit dem wesentlichen Unterschied, dass die Wirtschaftsgüter über einen bestimmten Zeitraum abgeschrieben werden können. Was bekanntlich für den Faktor Personal nicht gegeben ist, auch wenn oft danach gehandelt wird. Doch fühlen sich leider viel zu oft bereits neue Mitarbeiter schon nach kurzer Zeit „abgeschrieben", was wiederum kontraproduktiv im Sinne des Unternehmens wie auch der betreffenden Mitarbeiter ist.

Allein diese einfache Betrachtung zeigt sehr deutlich, wie wichtig es ist, bei relevanten Personalentscheidungen, wie beispielsweise bei der Personalsuche und Einstellung, bei der Entwicklung und dem Einsatz von Personalmanagement-Systemen, die strategischen und unternehmenspolitischen Zielsetzungen in das Suchen, im wahrsten Sinne des Wortes, und damit in das Handeln des HR-Bereiches mit einzubeziehen. Und dies erfordert in der Regel keinen großen Aufwand, wie immer befürchtet, wenn die grundlegende Ausrichtung der Personalarbeit strategisch und systematisch bereits im Vorfeld entwickelt ist.

Dass hierfür der HR-Bereich zunächst in „Vorleistung" gegenüber den Geschäftsbereichen beziehungsweise anfordernden Stellen zu treten hat, ist zwar selbstverständlich, wird aber nur in wenigen Fällen als Standard jährlich praktiziert beziehungsweise entspricht nur selten dem Rollenverständnis eines Personalbereichs. Selbst dann, wenn er über ein solches Verständnis verfügt, hört man oft die Sätze wie zum Beispiel: „Es fehlt die Zeit" oder „die Tagesarbeit lässt einem keinen Freiraum".

Das ist genau die Resignation vieler Personaler, die oft in Erhebungen diagnostiziert werden. Doch dass dieser Zustand nicht so bleiben muss beziehungsweise pro aktiv geändert werden kann, wird in den darauf folgenden Kapiteln noch weiter im Einzelnen aufgezeigt. Doch zurück zu dem oben geschilderten Systemansatz: Strategie – Geschäftsprozesse – Controlling.

Systematik im Personalmanagement
Mit dem 2. Schritt werden nun die wichtigsten Personalfunktionen nach zwei Kriterien strukturiert, und zwar anhand der

- **Kernprozesse**, orientiert an dem Zyklus von der Personalbeschaffung bis hin zur Freisetzung, und den
- **Querschnittsfunktionen**, ausgerichtet an den vorherrschenden systemischen Funktionen einschließlich der erforderlichen Administration

Hierfür ist eine Matrix als Darstellungsform (s. Abb. 5.3) gewählt worden, um die Dimensionen: *Kernprozesse des Personalgeschäfts*

- Personalbeschaffung,
- Personaleinsatz,
- Personalführung/Betreuung,
- Personalentwicklung,
- Vergütung,
- Personalfreisetzung,

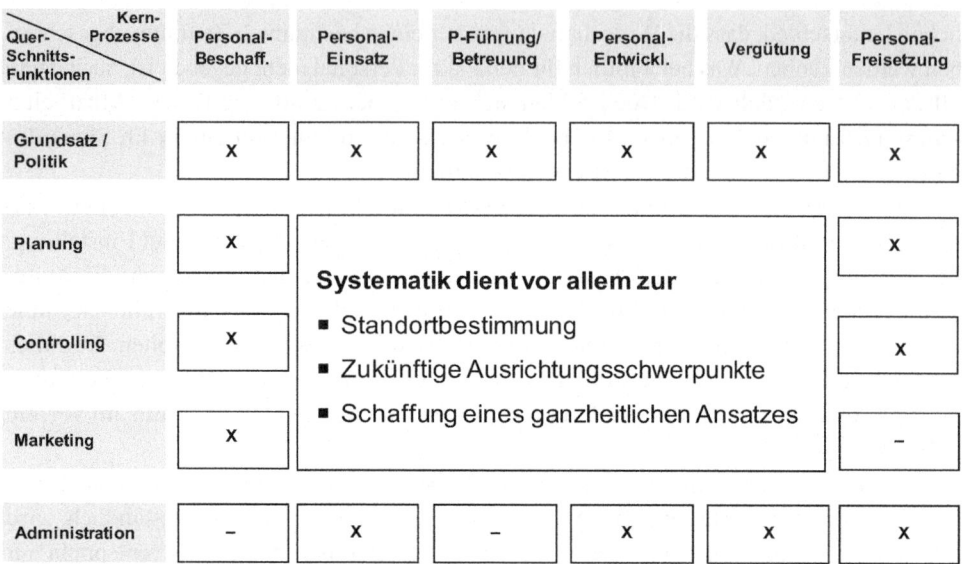

Abb. 5.3 Tableau für eine Standortbestimmung

sowie die dabei häufig bestehenden *Querschnitts-Funktionen*

- Grundsatzthemen/Politik,
- Planung,
- Controlling,
- Marketing,
- Administration

entsprechend in Beziehung zueinander setzen zu können.

Diese Systematik dient unter anderem dazu, unter Berücksichtigung eines ganzheitlichen Ansatzes wichtige Handlungsfelder zu definieren, entsprechend der relevanten Prioritäten und Zeitkomponenten.

Drei Punkte sind an dieser Stelle besonders hervorzuheben:

- Diese Darstellungsform erhebt nicht den Anspruch auf Vollständigkeit.
- Die in der Abbildung genannten Kernprozesse gibt es generell. Die einzelnen Querschnittsfunktionen jedoch sind in ihrer Aufteilung und Ausprägung naturgemäß von der Unternehmensgröße abhängig.
- Die Vielschichtigkeit und Komplexität des Personalgeschäfts auf einen Blick erkennen zu können, unterstützt gerade Vorgesetzte/Führungskräfte, die bestehenden Interdependenzen einfach und praktisch zugleich besser nachvollziehen zu können.

Erfolgsfaktoren systematischer Personalarbeit
Im 3. Schritt des integrativen Modellansatzes geht es um mögliche Erfolgsfaktoren im HR-Management. Wie in allen anderen Managementfunktionen auch gilt es, messbare

5.2 Integrativer Modellansatz

Abb. 5.4 Systematische Personalarbeit (Hölzerkopf 1998)

Ursachen-Wirkungsverhältnisse entscheidender Indikatoren der Personalarbeit anhand von Kennzahlen aufzuzeigen. Ein solcher Ansatz wird in der Abb. 5.4 anhand von fünf Kriterien vorgestellt und anhand von einigen Praxisbeispielen näher beschrieben:

- Kundenorientierung
  - Zeit- und bedarfsgerechte Personalbeschaffung
  - Einhaltung von Bearbeitungszeiten
- Wirtschaftlichkeit
  - Preis-/Leistungsverhältnis von Personalsuchmaßnahmen
  - Durchschnittliche Preis-/Kostenrelationen administrativer Dienstleistungen
- Effizienz
  - Durchlaufzeiten von Bewerbungen
  - Antwort-Zeit-Verhalten von Anfragen
- Kommunikation
  - Informationsregularien
  - Transparenz der Kommunikationsmedien
- Organisation
  - Verhältnis zentraler und dezentraler Arbeitsteilung
  - Grad der standardisierten Geschäftsprozesse je nach Kern-Prozess-Strukturen

Dass diese zuvor genannten Kriterien in einem nächsten Schritt anhand von Messgrößen mittels konkreter Wertangaben (Preis-Leistungsverhältnisse, Kosten- und Zeitrelationen oder beispielsweise auch Kundenindikatoren) zu definieren sind, liegt auf der Hand und ist, dies sei an dieser Stelle besonders betont, auch stets möglich. Diese einzelnen Messgrößen nun aufzuführen, würde den Rahmen des Buches sprengen und der Zielsetzung auch nicht entsprechen.

Entscheidend jedoch kann an dieser Stelle festgehalten werden, dass sich der Kreis mit diesem zuletzt vorgestellten Ansatz hinsichtlich der Erfolgsfaktoren im HR-Management im wahrsten Sinne des Wortes schließt, und zwar im Hinblick auf die zentralen Ausrichtungen eines systematischen und integrativen Personalmanagements mit den drei Bausteinen

- strategische Ausrichtung zwecks Einbindung in die Anforderungen des Unternehmens/Geschäftsfelder,
- klar strukturierte Geschäftsprozesse zwecks Optimierung der Effizienz und Effektivität,
- zielgerichtete Steuerung anhand relevanter (unternehmensspezifischer) Zielgrößen

mittels personal- und betriebswirtschaftlicher Kerngrößen.

5.3 Träger der Personalarbeit

Es ist schon oft von der Vielschichtigkeit der Personalarbeit und der damit verbundenen heterogenen Aufgabenstellungen die Rede gewesen. Ein wesentlicher Faktor, der hierbei eine mitentscheidende Rolle spielt, sind gerade die unterschiedlichen Träger der Personalarbeit im Unternehmen. Damit ist gleichzeitig ein weiterer wichtiger Punkt verbunden, nämlich die Arbeitsteilung personalrelevanter Aufgabenstellungen, und zwar nicht nur interner, sondern auch externer Art. Doch was heißt das konkret?

Die Antwort hierauf erfolgt anhand zweier Fragestellungen:

- Wer sind die internen Träger der Personalarbeit?
- Was kann konkret unter Arbeitsteilung der Personalarbeit verstanden werden?

Die erste Fragestellung nach dem internen Träger der Personalarbeit in einem Unternehmen lässt sich anhand einer Abbildung auf einen Blick, vereinfacht ausgedrückt, beantworten und zeigt vier Gruppierungen (siehe Abb. 5.5).

Diese Abbildung verdeutlicht, dass zum einen nicht nur die Personalabteilung Träger der Personalarbeit ist, sondern zum anderen ebenfalls auch die Vorgesetzten/Führungskräfte, Arbeitnehmervertretungen und die Leitungsebene hierzu zählen.

Dabei nehmen all diese Gruppen auf unterschiedliche Weise Einfluss auf die Personalarbeit im Unternehmen und damit auf das Gelingen produktiver Personalarbeit. Dass hierbei einer Personalabteilung eine ganz entscheidende Rolle qua ihrer Aufgabenstellung zukommt, ist für jeden nachvollziehbar.

Doch diese Funktion ist, je nach Unternehmenssituation, auch adäquat auszufüllen, stellt eine besondere Herausforderung für jedes Personalressort dar und kann demzufolge auch nicht nach einem vorgegebenen Schema bewältigt werden. Nach einem solchen Raster wird oft in Unternehmen gefragt, nach dem Motto: „Es gibt doch bestimmt eine ‚Schablone', die man nur auf unsere Personalarbeit übertragen kann?"

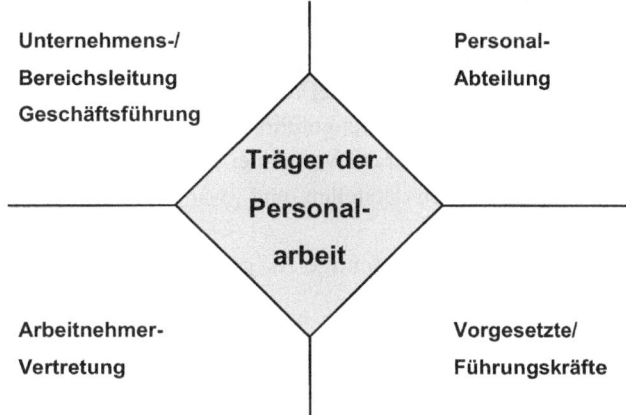

Abb. 5.5 Träger der Personalarbeit im Unternehmen

Doch umgekehrt wird ein Schuh daraus. Erst muss die Zielrichtung und die Strategie für den Personalbereich festgelegt werden, um daraus dann die entsprechenden Konsequenzen hinsichtlich der Aufgabenstellung und deren Umsetzung festzulegen. Und demzufolge sind die Vorgesetzten/Führungskräfte auch entsprechend mit einzubeziehen, was häufig nur sporadisch erfolgt, statt gezielt auf die jeweiligen Kernfunktionen des Personalgeschäfts abgestellt.

Zugegeben, das hört sich vielleicht etwas zu „einfach" an, wird aber in den folgenden Kapiteln klar an einzelnen praktischen Beispielen unterlegt und auch hinsichtlich einer Umsetzung verifiziert.

Auf der dann festgelegten Zielrichtung und Strategie aufbauend kann eine klar strukturierte Arbeitsteilung ausgerichtet werden, die nach den Geschäftszielen und der Organisationsform eines Unternehmens sowie anhand der zur Verfügung stehenden Budgets verbindlich für die einzelnen Beteiligten festgelegt werden kann.

Womit die eingangs dieses Abschnitts gestellte Frage: „Wie kann eine Arbeitsteilung in der Praxis erfolgen beziehungsweise was kann darunter verstanden werden?" im folgenden Abschnitt näher beschrieben wird.

5.4 Arbeitsteilung im HR-Management

Diese zuletzt genannte Frage nach der Arbeitsteilung im Personalmanagement eines Unternehmens wird anhand von neun verschiedenen Personalfunktionen im Folgenden beispielhaft konkretisiert. Dabei wird unterschieden nach vier Gruppen hinsichtlich der Wahrnehmung der jeweiligen Aufgabenstellungen:

- Personalabteilung (PA) ausschließlich,
- Fachabteilung/Geschäftsbereich/Betriebsbereich etc. (FA/GB) ausschließlich,
- Personalbereich und Fachabteilung in Zusammenarbeit (PA und FA/GB),
- Externe Dienste (ED) (Personal-Service-Gesellschaften, Fortbildungsinstitute etc.),

wobei anzumerken ist, dass unter dem Begriff Fachabteilung/Geschäftsbereich/Betriebsbereich deren Vorgesetzte/Führungskräfte im Einzelnen subsummiert sind.

Das nun folgende Beispiel resultiert aus mehreren Marktstudien, die unter anderem branchenübergreifend durchgeführt wurden und an der Mittelstands- und Groß-Unternehmen teilgenommen haben. Von daher kann die folgende Aufstellung nur eine von mehreren Möglichkeiten darstellen, und zwar hinsichtlich einer Arbeitsteilung bezüglich der Personalarbeit.

Hier nun mehrere wichtige Aufgaben/Personalfunktionen, zugeordnet zu den zuvor genannten vier Gruppen:

- Arbeitsrecht: PA und FA/GB, oft in Zusammenarbeit mit externen Dienstleister
- Mitarbeiterführung: FA/GB
- Personalauswahl: Jede Gruppen-Konstellation gegeben, häufig mit Schwerpunkt: PA und FA/GB
- Personalbeschaffung: In der Regel PA und Externe Dienste
- Personaleinsatz: FA/GB alleine oder FA/GB und PA gemeinsam
- Personalentwicklung: Jede Gruppenkonstellation gegeben
- Personalplanung: FA/GB alleine oder auch PA und FA/GB gemeinsam
- Gehaltsabrechnung: PA und/oder Externe Dienste
- Verwaltung: PA und/oder Externe Dienste.

Selbstverständlich gibt es darüber hinaus auch eine große Anzahl von Unternehmen, die sich durch eine stärkere Ausrichtung einer eigenen Personalabteilung oder auf externe Dienstleister kennzeichnet. Was jedoch die vorgenannte Aufstellung auf einen Blick erkennen lässt, ist eindeutig: Wesentliche Kernfunktionen des Human Ressource Managements sind gekennzeichnet durch eine arbeitsteilige Aufgabenwahrnehmung zwischen dem Personalbereich und der Linie beziehungsweise der Geschäftsfelder.

Daraus ist ersichtlich, wie wichtig das Zusammenwirken zwischen Linie und Stabsfunktion (Personalressort) für das Gelingen einer erfolgreichen Personalarbeit ist.

Und damit schließt sich ein erster Kreis zu der zuvor hervorgehobenen Bedeutung der Führungskräfte im Hinblick auf ein erfolgreiches HR-Management. Nämlich die Tatsache, dass die Vorgesetzten einen entscheidenden Beitrag zum Gelingen erfolgreicher Personalarbeit leisten.

Nicht zuletzt ergibt sich aus dieser vielfältigen Verzahnung der Träger der Personalarbeit und ihrer Vielschichtigkeit in ihrer Aufgabenstellung ein differenziertes Anforderungsprofil für einen Personaler. Daraus ist ersichtlich, dass für eine professionelle Bewältigung dieser wichtigen Managementfunktion Personal sowohl Spezialisten wie Generalisten im Personalbereich erforderlich sind.

Das heißt im Umkehrschluss, dass das vorhandene Fach- und Management Know-how von HR-Mitarbeitern mit ausschlaggebend ist für eine erfolgreiche Zusammenarbeit mit den verschiedenen Trägern der Personalarbeit, was zwar als Selbstverständlichkeit angesehen werden kann, aber nicht oft genug betont werden kann.

Da die Führungskräfte eine zentrale Funktion im Rahmen ihrer Personalführungsaufgabe haben, ist demzufolge ein beidseitiges Verständnis zwischen der Linie und dem Stab (Personal) mit einer der Grundvoraussetzungen für eine erfolgreiche Personalarbeit im Unternehmen.

Von daher ist es sehr von Vorteil, wenn HR-Fach- und Führungskräfte über Erfahrungen im operativen Geschäft verfügen, fördert es doch das gegenseitige schnellere Verstehen und Verständnis für geschäftsfeldbezogene Problemstellungen.

Literatur

Hölzerkopf, Gerhard. 1998. *Personalarbeit mit System*. 94. Wiesbaden.

Schwerpunkte eines ganzheitlichen Personalmanagements

Zusammenfassung

In diesem Kapitel wird bewusst eine Auswahl wichtiger Kernelemente kurz beschrieben, da es ansonsten den Rahmen dieses Buches sprengen würde, wie es auch der zu Anfang des Buches genannten Zielgruppenausrichtung nicht entspräche.

Jedoch wird bei drei Themen eine Ausnahme gemacht, und zwar handelt es sich um das „Beurteilungswesen", die „Mitarbeiterführung" und das „Personal-Controlling". Denn dies sind in der Regel Themenstellungen, die zentrale Aufgabenstellungen eines jeden Vorgesetzten betreffen, auch wenn dies in dem einen oder anderen Unternehmen nur eingeschränkt oder mitunter sogar gar nicht der Fall sein mag.

Im vorangegangenen Kapitel wird ein genereller Ansatz eines HR-Managements dargestellt, der insbesondere nach vier Schwerpunkten ausgerichtet ist:

- Generelle Erfordernisse systematischer Personalarbeit,
- Integrativer Modellansatz,
- Träger der Personalarbeit sowie
- Arbeitsteilung im HR-Management.

Es stellt sich nun die Frage: Aus welchen Eckpunkten kann eine HR-Konzeption in der Praxis bestehen beziehungsweise wie sind die bis jetzt genannten HR-Kernfunktionen und ihr integrativer Ansatz überhaupt in der Praxis ausgestaltbar?

Ausgehend von einigen der wichtigsten HR-Kernfunktionen wie:

- Strategische Positionierung und Zielsetzungen,
- Funktionsbewertung,
- Personalentwicklung,
- Vergütungssystem,
- Beurteilungswesen,
- Mitarbeiterführung,
- Personal-Controlling,

werden auf Grund ihrer generellen Bedeutung im Folgenden die ersten vier Themenkomplexe nur kurz beschrieben, da es ansonsten dem Rahmen dieses Buches nicht entspräche.

Hingegen werden die drei anderen Themenbereiche wie:

- Beurteilungswesen,
- Mitarbeiterführung und
- Personalcontrolling

etwas ausführlicher behandelt.

Denn diese drei Personalfunktionen betreffen in der Regel die Führungskräfte in der täglichen Arbeit immer wieder, das heißt, sie sind damit oft der täglichen Umsetzung gefordert und werden somit ein beständiger Teil ihrer zentralen Führungsaufgaben.

6.1 Strategische Positionierung und Zielsetzungen

In diesem zentralen Punkt eines effektiven HR-Managements geht es vor allem um die fünf Komponenten

(1) Kurzbeschreibung einer Personalstrategie,
(2) Definition von generellen Zielgrößen,
(3) Selbstverständnis des HR Bereiches,
(4) Bestimmung von Kernprozesse,
(5) Beschreibung von Erfolgsfaktoren,

die im Einzelnen nun kurz beschrieben werden.

Zu (1): Es ist zwar allseits bekannt, dass ohne eine genaue Zielsetzung und der damit verbundenen *Personalstrategie* in der Regel suboptimale Ergebnisse im wahrsten Sinne des Wortes erzielt werden. Nichtsdestotrotz wird aber gerade im Personalmanagement hierauf kaum großen Wert gelegt. Dabei sind gerade die strategischen Zielwerte entscheidend geprägt durch die Unternehmens- beziehungsweise Geschäftsfeldziele, was eine Einbindung der Entscheidungsträger notwendig und zweckmäßig zugleich macht.

Zu (2): Daraus lassen sich dann die spezifischen Zielgrößen einzelner *Personalfunktionen*, wie beispielsweise Personaleinstellungen/Kosten, Fehlzeiten, Qualifizierungs-, Personalentwicklungs- und Rekrutierungseckdaten ableiten und in ihrem Ergebnisverlauf unterjährig mit den Entscheidungsträgern kommunizieren.

Zu (3): Das *Rollenverständnis des Personalbereiches* wird oft in ein und demselben Unternehmen sehr unterschiedlich wahrgenommen und führt mit dazu, dass sich der Personalbereich häufig nicht als adäquater Gesprächspartner den Entscheidungsträgern gegenüber fühlt beziehungsweise als solcher wahrgenommen wird. Was oft wiederum zu einer gegenseitigen Abkapselung, mitunter sogar Abneigung führt.

Wenn sich der Personalbereich jedoch auf seine Ziele und selbst gewählten Rollenverständnis, beispielsweise als Dienstleister mit entsprechenden Qualitätsstandards, die von seinen (internen) Kunden in gewissen Zeitabständen gemessen werden, konzentriert, dann entsteht in der Folge eine weitaus produktivere Zusammenarbeit im Unternehmen, was sich letztlich in einer besseren Leistungsbilanz niederschlägt.

Zu (4): Hierbei geht es um die Frage, auf welche *Kernprozesse* sich der Personalbereich mit den vorgegebenen Mitteln und seinen Stellen im Jahresverlauf zu konzentrieren hat. Das hört sich zwar banal an, aber in der Praxis zeigt sich sehr häufig ein widersprüchliches Bild.

Denn der Personalbereich muss gerade auf ad-hoc-Anforderungen oft sehr kurzfristig reagieren, ohne über die dafür entsprechenden Ressourcen zu verfügen, um eine zeitnahe Leistungserbringung erstellen zu können.

Zu (5): Eng damit verbunden sind die gewählten *Erfolgsfaktoren*, die gerade für das Zusammenwirken der vier zuvor genannten Komponenten bestimmend sind, um gerade den Fokus für alle Beteiligten nicht nur klar kommunizieren zu können, sondern auch als Gradmesser für den Leistungsbeitrag des Personalbereichs zu nutzen.

6.2 Funktionsbewertung

Generell kann darunter ein Verfahren zur Messung der Anforderungen und Aufgabenstellung einer Funktion und deren Bewertung verstanden werden. Häufig wird auch für den Begriff „Funktion" die Bezeichnung „Stelle" (Stellenbewertung) verwendet oder der Begriff „Arbeitsplatzbewertung". Die Grundlage für viele Bewertungsverfahren bildet das sogenannte Genfer Schema (1950), das generell nach den Kriterien: Geistige und körperliche Anforderungen, Arbeitsbedingungen und Verantwortung differenziert.

Zwei Wege gibt es, eine solche Stellenbewertung im eigenen Unternehmen ein- beziehungsweise durchzuführen. Entweder mit eigenen Mitteln und dem erforderlichen Knowhow oder unter Einbeziehung externer Dienstleister.

Denn auf dieses Themengebiet haben sich verschiedene Beratungsunternehmen wie auch andere Institutionen spezialisiert und bieten gleichzeitig oft die Möglichkeit an, eigene

Unternehmenskenngrößen (Führungsstruktur etc.) in Verbindung mit dem eigenen Vergütungssystem und mit externen Marktdaten zu vergleichen.

6.3 Personalentwicklung

Zu den wichtigsten Kernfunktionen des HR-Managements zählt sowohl die Führung der Mitarbeiter als auch deren Förderung und Entwicklung. Und dies gilt zukünftig mehr denn je, insbesondere hinsichtlich der immer stärker werdenden Wettbewerbssituation um qualifizierte Talente. Dieser Effekt wiederum wird auf Grund des häufigen Mangels an qualifizierter Führung seitens der Vorgesetzten noch verstärkt.

Denn die Entwicklungen auf dem Arbeitsmarkt, unabhängig ob regional oder international der Fokus ausgerichtet ist, zwingen die Unternehmen in zunehmendem Maße, die Leistungs- und Entwicklungspotenziale ihrer Mitarbeiter rechtzeitig zu erkennen und gemäß den betrieblichen Erfordernissen zeitnah zu fördern.

Diese Erkenntnis ist zwar nicht neu und wird auch schon seit langem in Fachpublikationen oder veröffentlichten Studien immer wieder zum Ausdruck gebracht. Doch in der betrieblichen Praxis wird dieser „Erfahrungswert" oft sträflich vernachlässigt, und dies zum Nachteil des eigenen Unternehmens, wie es sich dann zu einem späteren Zeitpunkt oft herausstellt.

Was gerade auch auf die zeitversetzten Wirkungen personalpolitischer Entscheidungen zurückzuführen ist. Womit wiederum ein Beleg dafür gegeben ist, wie wichtig es ist, eine längerfristige Ausrichtung personalpolitischer Entscheidungen zu betreiben.

Deshalb sei an dieser Stelle hierzu ein immer wiederkehrendes Beispiel zur Verdeutlichung genannt: Seit Jahren besteht eine große Differenz zwischen dem Einleiten einer rechtzeitigen Nachfolgeregelung bei der Besetzung von Leitungsfunktionen gerade in mittelständischen Unternehmen, insbesondere wenn es um die Nachfolge der Unternehmensleitung oder der darunter liegenden Führungsebene geht. Wohlwissend, dass eine Nachfolgeregelung für Führungspositionen nicht innerhalb von drei Monaten adäquat realisiert werden kann, was wiederum eine längerfristig ausgerichtete Personalarbeit mehr als notwendig macht.

Die dringende Notwendigkeit einer zielgerichteten Personalentwicklung einschließlich Nachfolgeplanung ist schon daran ablesbar, dass kaum ein Monat vergeht, ohne dass in Medien über offene (wichtige), mitunter auch sehr spektakuläre Führungspositionen, deren Nachfolgeregelung, zumindest in der Planung, oft nicht rechtzeitig in die Wege geleitet wurde, berichtet wird. Naturgemäß sind damit natürlich nicht die unvorhersehbaren Nachfolge-Dispositionen gemeint.

6.4 Entgeltfindung

Die Entgeltfindung zählt zu den wichtigsten Personalfunktionen. Dabei spielen neben der tariflichen Situation, zum Beispiel auch die betrieblichen Rahmenbedingungen einschließlich der jeweiligen Marktentwicklung, eine wichtige Rolle. Von daher ist es ganz entscheidend, wie ein Unternehmen die Möglichkeiten der betrieblichen Gestaltungsmöglichkeiten einer leistungs- und marktorientierten Entgeltpolitik nutzt.

Dabei zeigt sich sehr deutlich, wie wichtig es ist, bei der Gestaltung von Vergütungssystemen, damit sind alle Vergütungselemente gemeint, also auch Sonderzahlungen oder betriebliche Sozialleistungen, auf einen integrativen Ansatz hinzuwirken. Was heißt das konkret?

Das bedeutet, dass auf die Vergütung als Ganzes auch im Hinblick auf die anderen Personalfunktionen, wie beispielsweise Einstellung, Beurteilung oder Personalentwicklung, besonderen Wert zu legen ist, zumal eine gegenseitige Wechselwirkung besteht.

Dabei zeigt sich einmal mehr, wie mitentscheidend die Rolle der Führungskraft gerade bei der Nutzung personalpolitischer Führungsinstrumente ist. Und dies nicht nur im Rahmen bei der möglichen Höhe einzelner Vergütungskomponenten, sondern insbesondere bei der dafür wichtigen Grundlage einer Beurteilung.

6.5 Beurteilungswesen

Einer der wesentlichen Schlüssel erfolgreicher Mitarbeiterführung und damit einer effektiven Ergebnisgestaltung am Arbeitsplatz liegt in einer konsequenten Umsetzung einer Beurteilungskonzeption. Dabei geht es um die Überprüfung einer erbrachten Leistung in einem zurückliegenden Zeitraum. Begriffe wie Leistungsbeurteilung, Mitarbeiterbeurteilung, Leistungs- und Verhaltensbeurteilung werden hierbei oft als Synonyme angewandt.

Damit nicht zu verwechseln sind Potenzial-Beurteilungen/Einschätzungen, die sich auf einen zukünftigen Zeitraum beziehen. Oft werden diese beiden Verfahren miteinander verwechselt beziehungsweise gibt es Systeme, die beide Komponenten in einem enthalten, was nicht immer von Vorteil ist.

Da bekanntlich das Beurteilungswesen ein weites Feld immer wiederkehrender Diskussionen des Pro und Contra eines solchen Verfahrens ist, sollen an dieser Stelle fünf wichtige Punkte etwas ausführlicher angesprochen werden, nicht zuletzt vor dem Hintergrund, dass gerade das Beurteilungswesen eines der meist eingesetzten Personalführungsinstrumente seitens der Führungskräfte darstellt:

- Die Verzahnung des Beurteilungswesens mit anderen Führungsinstrumenten,
- Qualitätsmerkmale einer Beurteilungskonzeption,
- Beispiel eines Beurteilungsbogens,
- Das Beurteilungsgespräch,
- Umsetzung des Beurteilungsgespräches.

Die Mehrschichtigkeit der Personalarbeit drückt sich besonders im Beurteilungswesen aus. Denn die Interdependenz gerade von Beurteilungen auf andere Personalmaßnahmen und umgekehrt zeigt sich in der Abb. 6.1.

Abb. 6.1 Beurteilung und ihre Verzahnung mit anderen Personal-Funktionen/Systemen. (Hölzerkopf 1998)

Die Beurteilung spielt demzufolge eine wichtige Rolle in verschiedener Hinsicht; einige praktische Beispiele hierzu in einer kurzen Zusammenfassung:

- Überprüfung der Leistung und des Verhaltens, zum Beispiel nach der Probezeit im Hinblick auf die Übernahme in eine Festanstellung,
- wichtige Grundlage bei der Entgeltfindung hinsichtlich Gehalt, Leistungszulagen, Boni etc.,
- Festlegung von Förder- bzw. Weiterbildungsmaßnahmen,
- Führungsinstrument des Vorgesetzten im Hinblick auch auf die Zusammenarbeit zwischen ihm und dem Mitarbeiter,
- wesentliche Information für Weiterentwicklungsmöglichkeiten,
- wichtige Grundlage für ein Arbeitszeugnis,

um nur einige wichtige Gründe zu nennen.

Diese kurze Aufzählung macht sehr deutlich, wie wichtig eine richtige Handhabung eines Beurteilungswesens für das Gelingen einer effektiven Personalarbeit im Unternehmen ist.

Häufig werden die Folgen einer nicht ausgereiften Konzeption oder falschen Anwendung einer Beurteilungskonzeption weit unterschätzt. Vorgesetzte fühlen sich oft von der Personalabteilung bevormundet, wenn es darum geht, gemäß unternehmensseitig festgelegten Anlässen termingebundene Beurteilungen zu erstellen, weil sie beispielsweise dafür nicht die erforderliche Zeit haben oder im Vorhinein gar nicht eingeplant ist.

So sind oft die für wichtig erachteten Konzeptionen in Personalführungsfragen bereits im Vorfeld ihrer Anwendung zum Scheitern „verurteilt". Ja sie wirken sogar mitunter kontraproduktiv in der Zusammenarbeit zwischen Vorgesetzten und Mitarbeiter, was oft zu dem teilweisen falschen Rückschluss führt, dass hierfür der Personalbereich verantwortlich gemacht wird.

Von daher ist es wichtig, von Anfang an auf wesentliche Qualitätsmerkmale eines Beurteilungswesens zu achten und im Zeitablauf immer wieder auf den Prüfstand zu stellen.

6.5 Beurteilungswesen

Beides ist nicht selbstverständlich, verursacht es doch häufig bei den Beteiligten enorme Anstrengungen, sich auf ein Verfahren zu einigen, das auch von der überwiegenden Zahl der Entscheidungsträger akzeptiert wird. Womit ein entscheidendes Kriterium für das Gelingen von Beurteilungen in einem Unternehmen angesprochen ist.

Einige *Qualitätsmerkmale* hierzu im Überblick:

- Konzeptionelle Entscheidung eines Beurteilungssystems unter rechtzeitiger Einbindung von Linien-Führungskräften (Anwendern),
- Aufbau und Kriterien eines Beurteilungsverfahrens für alle Beteiligten verständlich und nachvollziehbar gestalten,
- Anzahl und Gewichtung von Beurteilungskriterien in nicht zu geringer oder übermäßig großer Zahl und angemessenen Proportionalitäten im Verhältnis zur Aufgabenstellung,
- Qualifiziertes Training der Beurteiler im Vorfeld,
- Konsequenzen aus falschen Beurteilungen rechtzeitig zu ziehen,
- Transparenz möglicher Fehler bei der Beurteilung, insbesondere im Hinblick auf Verringerung an Subjektivität, herstellen,
- Transparenz des Beurteilungsverfahrens hinsichtlich Ablauf und Verwertung der Ergebnisse,
- Konsequente Umsetzung der Ergebnisse aus einer Beurteilung,
- Nicht der Beurteilungsbogen steht an erster Stelle, sondern das Beurteilungsgespräch und sein Ergebnis ist der maßgebliche Faktor – nicht das Formular, sondern der Inhalt; was leider allzu oft verwechselt wird.

Nicht zuletzt ist ein gelebtes Beurteilungssystem auch Ausdruck des vorherrschenden Führungsverständnisses im Unternehmen. Denn eine noch so ausgefeilte Konzeption ersetzt in keinster Weise fehlendes Know-how in der Personalführung.

Nun zum dritten Punkt der Beschreibung eines Beurteilungswesens, und zwar die Darstellung eines Musterbeispiels aus der Praxis. Dabei dient als Ausgangspunkt ein Beurteilungsbogen, der einige wesentliche Komponenten einer Beurteilung enthält. Der Bogen selbst umfasst im vorliegenden (neutralisierten) **Praxisbeispiel** zwei bis vier Seiten, je nach eigener Ausgestaltung des Unternehmens, und enthält folgende Punkte im Überblick:

Seite 1: Allgemeine Personaldaten und Aufgabenstellung
Seite 2/3: Beurteilung der Leistung und des Verhaltens
Seite 4: Gesamtbeurteilung sowie geplante Fördermaßnahmen

Zur 1. Seite: Sie enthält in der Regel allgemeine Daten des Mitarbeiters sowie den jeweiligen Anlass der Beurteilung, wie zum Beispiel:

- Ablauf der Probezeit,
- Beförderung,

- Vorgesetztenwechsel,
- Versetzung,
- Beendigung eines Projektes,
- Auf Wunsch des Mitarbeiters oder Vorgesetzten,
- Beendigung des Arbeitsverhältnisses,

sowie den vorgegebenen beziehungsweise individuell vereinbarten Beurteilungszeitraum.

Ein weiterer zentraler Punkt dieser 1. Seite kann die Aufgabenstellung im Beurteilungszeitraum enthalten, die zum Beispiel auf der Grundlage einer Funktionsbeschreibung erfolgen kann sowie der gegebenenfalls getroffenen Zielvereinbarung.

Für den Fall, dass Weiterbildungsmaßnahmen im Beurteilungszeitraum geplant waren beziehungsweise daran teilgenommen wurde, können diese im Bedarfsfall in Stichworten aufgenommen werden.

Zur 2/3. Seite: Auf dieser(n) Seite(n) kann die Beurteilung der Fach- und gegebenenfalls Führungsleistung erfolgen, und zwar je nach Umfang der zu beurteilenden Kriterien, was oft auf zwei oder sogar auf noch mehreren Seiten erfolgt.

Für die einzelnen Beurteilungskategorien gibt es in der Regel einen Definitions-Katalog, der oft in einer Broschüre zur Beurteilungskonzeption beschrieben wird. Häufig erhalten alle Beteiligten eine solche Informationsbroschüre hierzu, was nicht zuletzt zu einem besseren Verständnis generell führt und damit auch die Akzeptanz auf beiden Seiten, Führungskraft und Mitarbeiter, erhöht.

Hier nun einige Beurteilungskriterien im Überblick, wie sie in einem Beurteilungsbogen Eingang finden können:

- Arbeitsqualität
- Arbeitssorgfalt
- Arbeitstempo
  – Belastbarkeit
- Qualitätsbewusstsein
- Initiative
- Flexibilität
- Zuverlässigkeit
- Verantwortungsbewusstsein
- Kundenorientierung (intern/extern)
- Zusammenarbeit (mit Vorgesetzten/anderen Mitarbeitern)
- Mitarbeiterführung (sofern gegeben).

In diesem Teil des Beurteilungsbogens kann auch das Bewertungsschema der einzelnen Kriterien stehen, oft besteht es aus fünf oder sieben Abstufungen, hierzu ein einfaches 5-stufiges Beispiel: Der Mitarbeiter erfüllt die Anforderungen: ‚Außerordentlich gut' – ‚in mehreren Teilen überdurchschnittlich' – ‚uneingeschränkt' – ‚mit Einschränkungen' – ‚nur in einigen Teilen'.

6.5 Beurteilungswesen

Oft ist das vorgegebene Raster im Beurteilungsbogen erweitert um die Möglichkeit, ergänzende, schriftliche Ausführungen vornehmen zu können.

Zur 4. Seite: In diesem Teil des Beurteilungsbogens können folgende Punkte aufgenommen werden:

- Zusammenfassende Beurteilung, die in kurzen Sätzen oder Stichworten einen Gesamteindruck vermitteln können
- Zielerreichung der anfangs festgelegten Zielkomponenten
- eine mögliche Stellungnahme des Mitarbeiters
- Zeitpunkt des Beurteilungsgesprächs
- Unterschriften der Beteiligten
- Im Bedarfsfall enthält diese Seite ein Berechnungsschema für die Ermittlung beispielsweise Bonus.

Anhand dieser kurzen Ausführungen zu einigen wichtigen Komponenten eines Beurteilungsbogens und damit der zugrunde liegenden Beurteilungskonzeption zeigt sich immer wieder, dass die Auswirkungen eines nicht akzeptierten und nicht sachgerecht angewandten Beurteilungssystems sehr schnell zu Widerständen und/oder auch Demotivationen bei den Beteiligten führen können.

Von daher kommt dem *Beurteilungsgespräch* eine ganz entscheidende Bedeutung zu. Denn zum einen kann der Beurteilungsbogen nie ein Beurteilungsgespräch ersetzen, was vielen Führungskräften oft am liebsten wäre. Zum anderen zeigt sich erst in der Kommunikation des Beurteilungsergebnisses das Zusammenwirken von Vorgesetztem und Mitarbeiter.

Demzufolge werden häufig Seminare oder Workshops durchgeführt, die dem Vorgesetzten die Möglichkeit geben, ein generell besseres Verständnis für eine Beurteilungskonzeption entwickeln zu können, zum anderen auch speziell das Führen von Beurteilungsgesprächen erstmalig zu erlernen beziehungsweise zu verbessern.

Dass ein solches Gespräch entsprechend vor- und nachzubereiten ist, sei nur der Vollständigkeit halber erwähnt wie auch die Möglichkeit, den Beurteilungsbogen vor dem Gespräch dem Mitarbeiter auszuhändigen, je nach Situation und entsprechenden Usancen im Unternehmen. Individuelle Lösungen in strittigen Fragen sind oftmals besser, als getreu nach dem geltenden Vorgaben/Rundschreiben zu verfahren.

Gerade in der Anwendung einer wie auch immer ausgefeilten Beurteilungskonzeption zeigt sich die für eine erfolgreiche Umsetzung erforderliche Flexibilität und Weiterentwicklungsmöglichkeit eines solchen Führungsinstrumentes.

Ein weiterer wichtiger Punkt im Zusammenhang mit einer Beurteilungskonzeption ist die *konsequente Umsetzung* der erzielten Ergebnisse aus einer Beurteilung beziehungsweise aus einem hierzu geführten Beurteilungsgespräch. Denn nichts ist schädlicher für eine angestrebte effektive Personalarbeit, auf halber Strecke eines solchen Führungsprozesses stehenzubleiben.

Denn gerade hier zeigt sich die wahrgenommene Verantwortung des Vorgesetzten, wenn er sich auch für die zu ziehenden Konsequenzen aus einer Beurteilung, unabhängig, ob sie positiver oder negativer Art sind, entsprechend einsetzt und dies eben nicht nur Dritten überlässt.

Von daher ist gerade die Zusammenarbeit zwischen dem Personalbereich und den Führungskräften auf dem Gebiet der Beurteilung von nicht unerheblicher Bedeutung für das Gelingen erfolgreicher Personalführung. Womit nun ein ganz entscheidender Punkt, nämlich die Mitarbeiterführung, im nächsten Kapitel angesprochen wird.

6.6 Mitarbeiterführung

Schon mehrfach wurde in den vorausgegangenen Kapiteln auf die Bedeutung der zu leistenden Personalarbeit seitens der Führungskräfte eingegangen. Dies vor dem Hintergrund, dass es gerade ganz entscheidend auf die Umsetzung personalpolitischer Zielsetzungen und Anwendung von Führungsinstrumenten, die in der Regel seitens des Personalbereichs entwickelt werden, in der täglichen Praxis ankommt.

In diesem Abschnitt geht es nun um eine der ureigensten Aufgaben von Vorgesetzten, nämlich Mitarbeiter zu führen. Von daher stellen sich zwei Fragen, die im Folgenden näher beantwortet werden:

- Was sind die *wichtigsten Kriterien, um Führungskompetenz* auf praktische Weise erfassen zu können?
- Was sind wesentliche *Faktoren einer Führungsaufgabe*?

Bei der Beantwortung dieser beiden Fragestellungen bezieht sich der Autor vor allem auf zahlreiche nationale und internationale Managementstudien, an denen er auch bei einigen davon mitgewirkt hat sowie auf eigene, langjährige Erfahrungen. Diese werden in seinem Buch „Führung auf den Punkt gebracht" zum Ausdruck gebracht werden, was auch Grundlage der nächsten Seiten ist.

Um die 1. Frage nach den wichtigsten Kriterien der Führungskompetenz überhaupt ansatzweise verifizieren zu können, ist ein Modellansatz entwickelt worden, der selbstverständlich nur näherungsweise das Phänomen „Führung" erfassen kann, wohl wissend, dass es einen allumfassenden Ansatz nicht geben kann.

Bei der Ermittlung solcher generellen Kriterien, was Führung kennzeichnet beziehungsweise ausmacht, stehen somit folgende Komponenten im Vordergrund:

- Fach-Know-how,
- Personale und soziale Intelligenz,
- Arbeitsorganisation.

Hinsichtlich der Kompetenz *Fach-Know-how* besteht in der Regel schnell Einigkeit, dass eine Führungskraft über entsprechende Fachkenntnisse gemäß jeweiliger Anforderung beziehungsweise Aufgabenstellung der Position verfügen muss.

Hingegen sieht es bei der zweiten Komponente der *Personalen und sozialen Kompetenz* schon ganz anders aus. Doch was ist darunter generell zu verstehen? Es handelt sich hierbei um die Fähigkeit:

6.6 Mitarbeiterführung

- sich in die Denk- und Handlungsweise anderer hineinversetzen zu können und in deren Einstellung,
- sich und andere darüber hinaus zu motivieren und
- Vertrauen herstellen zu können sowie
- Aufgaben zu delegieren.

Oder etwas ausführlicher beschrieben:

- Selbstreflexion – die Fähigkeit, innere Stimmungen, Beweggründe oder seine bestimmenden Werthaltungen zu erkennen
- Selbstkontrolle – zu verstehen als die Beherrschung innerer Stimmungsschwankungen und damit deren Umlenken in aktives Handeln
- Motivation – innerer bzw. äußerer Antrieb/Hingabe mit entsprechender Ausdauer, zum Beispiel Ziele zu verfolgen
- Empathie – die Fähigkeit, sich in die Situation bzw. Gefühlswelt anderer hineinversetzen zu können
- Soziale Kompetenz – als die Fähigkeit anzusehen, vertrauensvolle zwischenmenschliche Beziehungen aufzubauen und weiterzuentwickeln (Hölzerkopf 2005).

All diese Faktoren sind Ausdruck der personalen und sozialen Intelligenz eines jeden Menschen. Speziell für die zukünftige Arbeitswelt bedeutet dies, dass gerade die intrapersonale Intelligenz, so Howard Gardner, eine entscheidende Management-Komponente für Führungskräfte sein wird.

Er begründet dies insbesondere vor dem Hintergrund ständig wachsender Anforderungen/Komplexität und Informationsflut einerseits und des enorm zunehmenden Wandels in den Unternehmen und der damit einhergehenden Zunahme an Veränderungsgeschwindigkeiten andererseits.

Vergegenwärtigt man sich die derzeitigen und zukünftigen Arbeitsbedingungen beziehungsweise Arbeitsformen, beispielsweise in Form von:

- zeitlich befristeter Projektarbeit,
- Zeitarbeit, und dies unter Umständen in verschiedenen Firmen,
- Zunahme an wechselnden Standorten,
- Zunahme an beratenden Berufen (Funktionen),
- stärkerer Aufteilung in Büro- und Heimarbeitszeiten,
- diskontinuierlicher Berufsentwicklungen,

so wird immer mehr erkennbar, wie wichtig gerade die hierfür erforderliche Fähigkeit personaler und sozialer Intelligenz sein wird, wenn Führungskräfte ihre Mitarbeiter auf größere „Distanzen" erfolgreich führen wollen.

Hinsichtlich der dritten Komponente *Arbeitsorganisation*, die in ihrer Wertigkeit und Bedeutung für den individuellen Führungserfolg sehr oft unterschätzt wird, werden im Folgenden einige begriffserläuternde Beispiele genannt:

- Setzen von Zielen und Prioritäten
- Organisation des eigenen Schreibtisches
- Führen von Meetings einschließlich Planungsdurchführung
- Umgang mit sich täglich ändernden Anforderungen
- Umgang mit Informationen an Mitarbeiter und Vorgesetzte
- Effektives Zeitmanagement mit differenzierten Zeithorizonten
- Erstellen effizienter Arbeitspläne
- Transparente Arbeitsstrukturen

Gerade auf diesem dritten Punkt, der Arbeitsorganisation, wird von vielen Führungskräften ihr eigenes und oft erforderliches Verbesserungspotenzial unterschätzt. So verfügen, im Durchschnitt gesehen, über die Hälfte der Führungskräfte über eine mangelnde beziehungsweise mangelnde (eigene) Arbeitsorganisation, wie viele Untersuchungen, auch vom Autor selbst durchgeführte, immer wieder belegen.

Denn der Mangel an Zeit für die erforderliche Kommunikation mit den Mitarbeitern ist häufig gerade auf den Mangel an einer effektiven Arbeitsorganisation der Führungskraft zurückzuführen und natürlich auch im eigenen Setzen der Prioritätenskala der Führungskraft, nach dem Motto: „Es gibt gerade jetzt Wichtigeres zu tun".

Nun zur zweiten Fragestellung: Was sind die wesentlichen Faktoren einer Führungskraft? Im Vordergrund der Beantwortung dieser Frage steht wiederum die ganzheitliche Sichtweise und eine Bestimmbarkeit der für wichtig zu erachtenden Faktoren:

> „Die Punkte: Ziele, Ressourcenfestlegung und einzusetzende Tools/Methoden werden oft ausreichend bestimmt. Hingegen wird gerade am Anfang von neu festgelegten Führungsaufgaben der Komponente Kommunikation zu wenig Zeit eingeräumt, wie es sich dann im Prozessverlauf herausstellt. Hinzu kommt, dass die ‚eindeutigen' Verantwortlichkeiten gleich zu Beginn – im wahrsten Sinne des Wortes – auf der Strecke bleiben, was sich zum Beispiel in unklaren bzw. nicht transparenten Entscheidungsprozessen ausdrückt (Hölzerkopf 2005)."

Dabei unterstützt die Visualisierung anhand der Abbildung „Relevante Faktoren der Führung" das Verständnis für die Notwendigkeit einer ganzheitlichen Betrachtung, wenn es um Fragen der Personalführung geht (siehe Abb. 6.2).
Entsprechend der in über 20 Jahren immer wieder überprüften und stets bestätigten These, dass „Führung auch immer Ausdruck der eigenen Einstellung und Werthaltung ist", können die folgenden Prinzipien die zuvor genannten Faktoren aus praktischer Sicht verifizieren:

- „Führung sollte mittels eindeutiger Zielbestimmung und Orientierungsmarken für die Beteiligten im Prozess erfolgen.
- Das Festlegen von Prioritäten besteht von Anfang an und wird je nach Situationsverlauf neu darauf ausgerichtet.
- Verantwortung wird persönlich übernommen und als Pflicht gegenüber den Beteiligten verstanden.

Abb. 6.2 Relevante Faktoren der Führung

- Kommunikation wird als produktives (erforderliches) „Schmiermittel" für die Zusammenarbeit aktiv praktiziert und erfolgt primär auf emotionale Weise.
- Konzentration auf die wichtigsten Erfolgsparameter unter Einbeziehung möglicher Gefährdungspotenziale.
- Einsatz einfacher Arbeitspläne zwecks Transparenz und zielorientierter Steuerungsmöglichkeiten.
- Anerkennung der Leistung anderer, wobei die Formen hierfür ganz unterschiedlich sein können, natürlich materieller Art, aber auch immaterielle Werte sind von nicht zu unterschätzender Bedeutung". (Hölzerkopf 2005)

Wie entscheidend effektive Personalarbeit, und damit eng verbunden Personalführung, den Geschäftserfolg eines Unternehmens wesentlich beeinflussen kann, wird immer wieder kontrovers diskutiert und hört in der Regel damit schon auf, wenn die angebliche Nicht-Quantifizierbarkeit relevanter Erfolgsfaktoren nicht widerlegt werden kann.

Doch wie kann denn nun die Messbarkeit von Personalarbeit und damit auch die der Mitarbeiterführung in der Praxis erfolgen? Und vor allem, wie aussagefähig sind die dabei gewonnenen Ergebnisse? Der Versuch einer umsetzbaren wie auch nachvollziehbaren und damit praktische Antwort hierauf zu geben, erfolgt im nächsten Kapitel.

6.7 Personalcontrolling

Um die personalrelevanten Ziele der Personalarbeit überhaupt quantitativ und qualitativ zu erreichen, muss man sie nicht nur hinsichtlich ihrer Ergebnisse messen können, sondern diese gegebenenfalls auch entsprechend im Zeitablauf steuern können. Denn beide

Faktoren: Auf der einen Seite „Personalarbeit generell messen zu können" und auf der anderen Seite auch „die Wirkung der Personalarbeit auf die Produktivität eines Unternehmens feststellen zu können", wird häufig als nicht möglich oder – wenn überhaupt – als zu aufwendig angesehen.

Hinzu kommt, dass Personalcontrolling oft mit dem Aufstellen von Personalstatistiken gleichgesetzt oder als „Zahlenfriedhof" abgetan wird. Für diese erforderliche Disziplin des Personalcontrollings, wie sie sich bereits in den 80er-Jahren abzeichnete, wurden zu jenem Zeitpunkt schon die entsprechenden Voraussetzungen in einigen Unternehmen geschaffen.

In diesem Zusammenhang sei eine sehr treffende Einschätzung von Rolf Wunderer, mit dem sich der Autor in jener Zeit oft über wichtige Fragestellungen bezüglich des Personalcontrollings und seiner praktischen Umsetzung dankenswerterweise austauschen konnte, wie folgt zitiert:

> „Der Produktionsfaktor „menschliche Arbeit" und das Personalmanagement wurden bisher nicht hinreichend evaluiert. Gegenwärtig sehen sich die Personalverantwortlichen zunehmenden Kostensenkungserfordernissen gegenüber und müssen hohe Ausgaben für Personalprogramme rechtfertigen. Dies erfordert ein Instrumentarium zur aussagekräftigen Messung von Kosten und Output im Personalbereich.
>
> Dieser Trend unterstützt ein eigenständiges *Personalcontrolling*. Damit folgt das Personalmanagement einer Entwicklungstendenz im Unternehmenscontrolling: Für immer mehr Funktionsbereiche werden spezifische Controllingkonzepte entwickelt und eingeführt."

Bei der Ausgestaltung und Umsetzung entscheidet die jeweilige *Zielsetzung des Unternehmens*, welche Grundhaltungen als Maßstab gelten und welche Ziele mit dem Personalcontrolling verfolgt werden sollen, selbstverständlich unter Berücksichtigung der internen und externen Bestimmungen, was jedoch selbstredend ist. Es kennzeichnet sich besonders durch folgenden Punkten aus, wobei Personalcontrolling generell drei Komponenten umfassen kann:

- die Personalarbeit als solche in seiner Dienstleistungsquantität und Dienstleistungsqualität, beispielsweise Kosten-Leistungs-Relationen bezüglich Einstellungen, Beschaffungskosten, Verweildauer offener Stellen, Antwort-Zeitverhalten des Personalbereichs, um nur einige Beispiele zu nennen,
- die Mitarbeiter wie auch deren Potenzial hinsichtlich seiner Qualifizierung, Ausbildungserforderlichkeiten, Entwicklungsfähigkeiten, Kosten der einzelnen Segmente (Beispiel: Vergütung oder Fortbildung) und ihre jeweiligen Strukturen, Fehlzeiten aller Art, Arbeits- und Ausfallzeit sowie viele andere Faktoren,
- die Führungsleistung hinsichtlich der zu führenden Mitarbeiter bezüglich beispielsweise der Motivation der Mitarbeiter, des Informations- und Kommunikationsverhaltens, der vorgenommenen Personalentwicklung und Förderung, des Arbeitsklimas und dergleichen.

Aus der Anzahl der zuvor genannten Beispielfaktoren lässt sich sofort die Notwendigkeit erkennen, sich auf wesentliche und damit auch betriebsspezifische Komponenten, die gemessen und entsprechend bewertet werden können werden können, zu konzentrieren.

Denn erstens würde ein „Zahlensalat" entstehen, den keiner mehr bereit wäre, auch nur ansatzweise nachzuvollziehen. Zweitens würde der Aufwand den Nutzen daraus nicht rechtfertigen und schließlich drittens, die Komplexität des Zahlenmaterials würde die Steuerungsmöglichkeit im Zeitablauf extrem einschränken.

Demzufolge zeigen sich *zwei wesentliche Thesen* bestätigt, und zwar dass

- Personalarbeit eines Unternehmens hinsichtlich quantitativer und qualitativer Art messbar ist und
- damit auch zielgerichtet gesteuert werden kann.

Welche personal- und betriebswirtschaftlichen Informationen im Einzelfall benötigt werden, liegt naturgemäß in der Entscheidung jedes Unternehmens selbst.

Der häufig in diesem Zusammenhang genannte Einwand, das sei zu kosten- und zeitaufwendig, trifft jedoch immer dann nicht mehr zu, wenn genau unter diesen Restriktionen innovative Lösungen entwickelt werden, weil sie dann auch nicht nur eher Bestand haben werden, sondern sich auch im wahrsten Sinne des Wortes „rechnen".

Denn Produktivitätssteigerungen und verbesserte Betriebsergebnisse sind stets eine eindeutige Antwort auf die immer wiederkehrenden Einwände. Allerdings benötigt man für die Entwicklung und den Einsatz eines solchen Steuerungs-Instrumentariums einen gewissen Zeitraum, der umso kürzer ausfällt, je realistischer die Zielgrößen definiert werden und die dafür benötigte Professionalität eingesetzt wird.

Ein weiterer wichtiger Punkt dabei ist folgender:

- Sich gerade am Anfang einer Einführung eines Personalcontrollings auf wenige und vor allem evidente Komponenten zu konzentrieren, um mittels eigener Erfahrungen die betriebsrelevanten Faktoren bestimmen zu können und weniger einem „wohlformulierten" Konzept zu entsprechen.
- Eine solche Vorgehensweise fördert die Akzeptanz aller Beteiligten nicht nur, sondern kann sie von vornherein überhaupt erst herstellen.

Denn man unterschätzt häufig gerade am Anfang die „Kleinarbeit" eines sogenannten „Steuerungssystems" ganz im Sinne des Begriffes „Controlling", das es gilt, neben einem stets erforderlichen Berichtswesen entsprechend aufzubauen.

Darum werden oft „gut gemeinte" Personalcontrolling-Systeme nach kurzer Zeit in den Schrank gelegt, verbunden häufig mit der Aussage von Führungskräften: „Das haben wir ja gleich gesagt, dass das nichts wird." – oder mit ähnlichen Kommentaren versehen. Und genau das kann von Anfang an vermieden werden.

Literatur

Hölzerkopf, Gerhard. 1998. *Personalarbeit mit System*. 39. Wiesbaden.

Hölzerkopf, Gerhard. 2005. *Führung auf den Punkt gebracht*. 67. Wiesbaden.

7 Handlungsempfehlungen aus der Praxis für die Praxis

> **Zusammenfassung**
>
> In den nun folgenden Handlungsempfehlungen in Form von Handreichungen und weniger im Sinne einer Rezeptur beziehen sich diese insbesondere auf die folgenden Kernfragen:
> - Warum ist die Gesamtbetrachtung operativer und strategisch/planerischer Personalarbeit für eine produktive (erfolgreiche) Personalarbeit von ausschlaggebender Bedeutung und wie gelingt es, dies in die tägliche Praxis umzusetzen?
> - Worin bestehen die hohen Potenziale eines integrativen Personalmanagements für das Unternehmen?
> - Warum ist ein „langer Atem" im Personalgeschäft erforderlich?
> - Warum ist die Führung von Mitarbeitern ein ganz entscheidender Beitrag für eine erfolgreiche Personalarbeit?
>
> Fragestellungen also, die sich in der täglichen Praxis immer wieder von neuem stellen, und gerade für Führungskräfte nicht minder relevant sind wie für die Spezialisten im Personalbereich, nur jeweils anders gewichtet, aber nicht unbedeutender für eine erfolgreiche Personalarbeit im Sinne des Unternehmens und den Mitarbeitern. Dies wiederum bedingt eine aktive Personalführung seitens der Führungskräfte.

Diese Art der praktischen Empfehlungen basieren auf den zuvor vorgestellten HR-Systematiken und Instrumenten sowie auf praktischer Erfahrungsbreite seitens des Autors in unterschiedlichen Funktionen, sei es in operativer oder in beratender.

Dies geschieht insbesondere auch vor dem Hintergrund, dass sich der Stellenwert professioneller und damit auch zukunftsorientierter Personalarbeit für die Unternehmen mit als wettbewerbsentscheidend darstellt und darüber hinaus die sich ständig verändernde Arbeitswelt professionelle Mitarbeiterführung mehr denn je als unabdingbar erweist.

Dass sich diese Erkenntnis schon in mehreren Unternehmen seit einigen Jahren immer mehr durchsetzt, beweist unter anderem die vor einigen Jahren getroffene Aussage im Zusammenhang mit einer Preisverleihung „Bester Arbeitgeber Mittelstand", dass ein Unternehmer, der dauerhaft Erfolg haben will, für ein ausgewogenes Verhältnis von Mitarbeiterführung und Gewinnstreben sorgen würde.

Jedoch hat sich diese Einstellung und die daraus zu ziehenden Konsequenzen für das eigene unternehmerische Handeln in Richtung Stellenwert der Personalarbeit und damit auch im Hinblick auf professionelle Mitarbeiterführung in vielen Unternehmen leider noch nicht auf breiterer Front durchgesetzt.

Deshalb sei an dieser Stelle auf die eingangs dieses Buches erwähnte „vermeintliche Polarität, hier Personalabteilung, dort Führungskraft der Linie" nochmals kurz eingegangen. Denn nur bei einem gemeinsamen, von beiden Seiten (Linie und HR-Bereich) entwickelten Verständnis über die Ziele und deren Umsetzung einer systematischen Personalarbeit und adäquaten Personalführung, kann sich der nachweisbare Erfolg auch einstellen.

Was für viele zwar als selbstverständlich angesehen wird, trifft aber in der Realität leider in vielen Fällen nicht zu. Deshalb nochmals diese Betonung eines erforderlichen beidseitigen Verständnisses über die zu treffenden Ziele der Personalarbeit im Unternehmen.

Von daher werden zum einen die anfangs aufgestellten Arbeitshypothesen auf ihre Anwendungsmöglichkeit für die jeweils eigene Situation dargestellt sowie Empfehlungen zu einer effektiven Personalarbeit aus Sicht einer Führungskraft in den folgenden Abschnitten geschildert. Dabei wird bewusst auf einfache und vor allem nachvollziehbare Praxisbezüge abgestellt.

7.1 Arbeitshypothesen auf dem eigenen Prüfstand

Um nun den Schritt zur eigenen praktischen Anwendung vollziehen zu können, werden zunächst die in Kap. 3 genannten Arbeitshypothesen hinsichtlich ihrer Befragungsergebnisse und der damit verbindbaren eigenen Einschätzung/Erfahrung des Lesers vorgestellt. Dabei wird nach folgendem Schema vorgegangen:

① **Arbeitshypothesen**	② **Eigene Einschätzung/ Erfahrung**
• Strategische Ausrichtung • Personalarbeit • Mitarbeiter • Personalarbeit als Erfolgsfaktor • Personalabteilung • Führungskräfte mit Personalverantwortung • Messbarkeit der Personalarbeit • Transparenz	Notizen/Einschätzungen: _____ _____ _____ _____ _____
③ **Befragungsergebnis:** _____	

Dabei werden unter:

① die in Abschn. 3.3 vorgestellten Thesen jeweils zitiert;

② die Möglichkeit gegeben, eine eigene Einschätzung/Bewertung in Stichworten bzw. Erfahrungswerten einzutragen;

③ die Ergebnisse in Kurzfassung genannt, die sich anhand von Befragung, parallel zum Erstellen des vorliegenden Buches, ergeben haben, an denen ca. 100 Führungskräfte aus der Linie und dem HR-Bereich, und zwar branchenübergreifend, teilgenommen haben.

① Arbeitshypothese	② Eigene Einschätzung/ Erfahrung
• **Strategische Ausrichtung** Personalarbeit ist ein langfristiges Geschäft mit hohem Investitionscharakter und stellt demzufolge zwingend eine an der Unternehmensstrategie ausgerichtete Funktion dar, und dies unabhängig von der jeweiligen Unternehmensgröße.	_____ _____ _____ _____ _____ _____
③ **Befragungsergebnis:** Überwiegende Zustimmung, hin und wieder auch nur geteilte Zustimmung, besonders dann als zutreffend bezeichnet, wenn bereits (eigene) negative Erfahrungen vorliegen.	

① Arbeitshypothese	② Eigene Einschätzung/ Erfahrung
• **Personalarbeit** Personalarbeit ist nicht kopierbar, sondern vor allem geprägt durch die Unternehmenskultur, die Geschäftsfelder, den vorherrschenden Führungsstil und das Selbstverständnis der Personaler im Unternehmen, jedoch in seinen Grundkonzeptionen und Leistungsergebnissen sehr wohl messbar und damit gezielt steuerbar.	_____ _____ _____ _____ _____ _____ _____
③ **Befragungsergebnis:** Uneingeschränkte Zustimmung auf breiter Front, mit wenigen Einschränkungen, wobei oft eingeräumt wird, dass man sich dieser Bedeutung zwar bewusst ist, jedoch alle Beteiligten nicht genügend Zeit dafür einräumen.	

7.1 Arbeitshypothesen auf dem eigenen Prüfstand

① Arbeitshypothese	② Eigene Einschätzung/ Erfahrung
• **Mitarbeiter** Die entscheidende Ressource Personal für den Unternehmenserfolg wird in Zukunft stärker als bisher vom Markt her bestimmt werden mit der Folge, einer immer wichtiger werdenden Personalentwicklung und einer wettbewerbsfähigen Vergütung.	_____ _____ _____ _____ _____
③ **Befragungsergebnis:** Fast uneingeschränkte Zustimmung, hin und wieder für nicht erforderlich gehalten, besonders dann nicht, wenn nur der Unternehmer/Geschäftsführer hinsichtlich Personalentwicklungsmaßnahmen die Entscheidungen trifft.	

① Arbeitshypothese	② Eigene Einschätzung/ Erfahrung
• **Personalarbeit als Erfolgsfaktor** Die Bedeutung der Personalarbeit für den Unternehmenserfolg wird allzu häufig unterschätzt, selten qualitativ und quantitativ bestimmt und damit im Unternehmensinteresse hinsichtlich sozialer und betriebswirtschaftlicher Parameter nur bedingt nachvollziehbar.	
③ **Befragungsergebnis:** Absolut zutreffend, oft mit eigenen Erfahrungen beispielhaft geschildert, jedoch fehle oft das erforderliche Know-how im Unternehmen, so die Aussagen mancher Interviewpartner.	

① Arbeitshypothese	② Eigene Einschätzung/ Erfahrung
• **Personalabteilung** Personalarbeit ist nicht die alleinige Aufgabe einer Personalabteilung. Doch ohne ihre professionelle Ausrichtung in der Leistungserstellung und in ihrem Selbstverständnis als Dienstleister bleibt diese Unternehmensfunktion weit unter ihren produktiven Möglichkeiten.	
③ **Befragungsergebnis:** Zustimmung bei fast allen Teilnehmern.	

7.1 Arbeitshypothesen auf dem eigenen Prüfstand

① Arbeitshypothese	② Eigene Einschätzung/ Erfahrung
• **Führungskräfte mit Personalverantwortung** Die besten Human Ressource Konzeptionen, Instrumente oder Methoden führen nur dann zu einem adäquaten Nutzen für das Unternehmen, wenn Vorgesetzte bzw. Entscheidungsträger damit auch entsprechend umgehen und dies nicht als lästige Aufgabe verstehen, die fünf Minuten vor Feierabend noch zu erledigen ist.	
③ **Befragungsergebnis**: Überwiegende Zustimmung, jedoch auch mit dem Hinweis, dass dies oft nicht anders gewollt ist, und zwar seitens der jeweiligen Bereichs- bzw. Geschäftsleitung	

① Arbeitshypothese	② Eigene Einschätzung/ Erfahrung
• **Messbarkeit der Personalarbeit** Nur wenn es gelingt, Personalarbeit messbar zu gestalten, und damit sind bei weitem nicht nur Personalkosten oder Fehlzeiten gemeint, werden Personalentscheidungen wie auch Personalführungsergebnisse in ihren längerfristigen Ausrichtungen auch betriebswirtschaftlich im Sinne des Nutzenbeitrags steuerbar.	
③ **Befragungsergebnis**: Weitgehende Zustimmung, die oft mit dem Hinweis versehen wurde, dass man sich eine solche Möglichkeit zwar wünscht, aber oft seitens des Personalbereiches mit dem Hinweis versehen werde: "nicht machbar in unserem Unternehmen".	

① Arbeitshypothese	② Eigene Einschätzung/ Erfahrung
Transparenz Personalarbeit muss transparent und nachvollziehbar gemacht werden, und zwar ausgerichtet auf ihre internen und externen Kundengruppen. Denn ihre Zielgruppen, unabhängig, ob es sich um Bewerber, Mitarbeiter, Führungskräfte oder einzelne Mitarbeitergruppen handelt, können heutzutage nicht mehr mit einem Rundschreiben für alle erreicht werden.	_____ _____ _____ _____ _____ _____
③ **Befragungsergebnis:** Uneingeschränkte Zustimmung.	

Empfehlung: Eine hierzu vom Leser selbst vorgenommene Einschätzung zeigt sehr schnell, wie man generell die Personalarbeit wie auch die Leistungserstellung des eigenen Personalmanagements sieht und welchen Stellenwert die einzelnen Kernfunktionen eines HR-Managements haben.

Dabei kommt es vor allem darauf an, ob und wenn ja, was man selbst aus solchen Erfahrungswerten/Erkenntnissen für Rückschlüsse zieht. Denn es geht ja auch in diesem Buch darum, Möglichkeiten aufzuzeigen, wie die Personalarbeit so effektiv wie möglich im Zusammenwirken zwischen der jeweiligen Führungskraft und dem Personalbereich aufzuzeigen.

Und dazu zählen vor allem *drei Fragestellungen* aus Sicht des Entscheidungsträgers:

- Wie kann der Personalbereich zum Beispiel den Leiter eines Geschäftsfeldes oder auch Leiter eines Projektes konkret im Erreichen seiner geschäftspolitischen und/oder projektbezogenen Zielsetzungen bezüglich der Personalarbeit unterstützen?
- In welcher Weise erfolgt die Arbeitsteilung zwischen dem betreffenden Geschäftsfeld und der Personalabteilung in den einzelnen Personalfunktionen, wie beispielsweise hinsichtlich der Einstellung eines Mitarbeiters oder Personalentwicklung?
- In welcher Form kann eine Leistungserstellung seitens des Personalbereiches wie auch die einer Führungskraft bewertet werden und welche Konsequenzen sind damit verbunden?

Fragen, die sich zwar nicht täglich stellen, aber notwendigerweise pro Geschäftsjahr zum Beispiel in Form einer Strategie- und Ergebnisbesprechung bearbeitet und festgelegt werden können. Angemerkt sei an dieser Stelle nochmals, dass eine solche Vorgehensweise in der Regel weitaus weniger Zeit als vermutet beansprucht. Denn mit dieser Vorgehensweise können vor allem *drei Ziele* erreicht werden:

- Herstellen von *verbindlichen Zielgrößen* im operativen Personalgeschäft,
- *Transparenz in der Leistungserstellung* bezüglich der Fragen der Personalarbeit und der damit einhergehenden Möglichkeit rechtzeitiger Kurskorrektur im Jahresverlauf, sowie
- *Bewertung der erreichten Zielkomponenten* personal- und betriebswirtschaftlicher Art mit den entsprechenden Konsequenzen.

Im nächsten Abschnitt werden, vor dem Hintergrund dieser drei genannten generellen Zielsetzungen, einige praktische Vorgehensweisen hinsichtlich der oben gestellten Fragen beschrieben.

7.2 Zusammenwirken zwischen Führungskraft und Personalbereich

Die für ein Unternehmen wichtige Frage nach der richtigen Organisation der Personalarbeit in einem Unternehmen wird allzu oft auf die Frage nach der „passenden", sprich opportun erscheinenden Organisationsform der Personalabteilung reduziert. Die Organisationsstruktur eines Personalbereichs ist zwar sehr entscheidend für eine erfolgreiche Personalarbeit, und wird auch im Rahmen der Re-Organisations-Themenstellungen in Verbindung mit Center-Konzepten immer wieder gestellt, aber sie ist nicht die allein entscheidende Fragestellung.

Vielmehr umfasst das Problem einer zweckmäßigen Organisation der Personalarbeit mehrere *zentrale Fragestellungen* mit folgenden Ausrichtungen:

- Welche Aufgabenstellungen werden vom Personalbereich selbst wahrgenommen?
- In welcher Organisationsform stellt sich die Personalabteilung auf?
- Welche personalwirtschaftlichen Funktionen beziehungsweise Aufgaben werden seitens der Linie/Führungskraft wahrgenommen?
- Welche personalrelevanten Dienstleistungen werden vom Markt (extern) bezogen/eingekauft?

Da im Folgenden weder von den Vor- und Nachteilen der verschiedenen Organisationsmodelle einer Personalabteilung die Rede sein soll und auch schon gar nicht sein kann, zumal es hierüber eine Vielzahl an Literatur und auch interessanten Konzeptionen gibt, noch über das Pro- und Contra von Center-Lösungen (Cost-, Service-, Profit-Center etc.), geht es in diesem Abschnitt vorrangig um das Zusammenwirken von Linie und Personalbereich, entsprechend einer der Zielrichtungen dieses Buches.

Dabei lässt sich der Autor von folgender *praktischer Maxime* leiten: „So viel wie möglich dezentral, das heißt, in der Linie beziehungsweise im jeweiligen Geschäftsbereich, so wenig wie nötig zentral im Sinne eines Zentralen Personalbereichs."

Demzufolge schließen sich auch die beiden extremen Ansätze einer vollständigen Zentralisierung der Personalaufgaben in einer Abteilung beziehungsweise einer völligen Dezentralisierung der Personalaufgaben in die Linie sowie einer gänzlichen Ausgliederung der Personalfunktion (Outsourcing) aus; Teil-Outsourcing mag durchaus für das eine oder andere Unternehmen zweckmäßig und effektiver sein als „alles" selbst zu leisten, doch die effektivste Lösung ist stets von Unternehmen zu Unternehmen verschieden.

Denn eine gänzliche Ausgliederung des Personalbereichs, das heißt eben nicht nur den administrativen Teil des Personalbereichs, wirkt bereits oft nach kurzer Zeit kontraproduktiv, da es den eigenen Handlungsspielraum der Entscheidungsträger in personalwirtschaftlichen und personalpolitischen Entscheidungen letztlich einschränkt. Darüber ist man sich allerdings häufig erst im Klaren, wenn eine solche Entscheidung im Unternehmen ansteht mit der Folge, dass ein „Zurückdrehen" zusätzliche Kosten und „Reibungsverluste" zum Beispiel im Zusammenwirken mit den Führungskräften verursacht.

Denn ab einem gewissen Grad der Arbeitsteilung im Unternehmen ist Führung weder teilbar noch delegierbar beziehungsweise die Verantwortung zum Beispiel im Rahmen der Personalentwicklung oder in der Zusammenarbeit mit der Arbeitnehmervertretung letztlich kaum übertragbar, auch wenn dies vermeintlich oft propagiert wird.

Dieser Ansatz einer Kombination aus Zentral- und Dezentralfunktionen resultiert nicht zuletzt aus der originären Aufgabenstellung einer Führungskraft, die da lautet: in der Regel auch Mitarbeiter zu führen, sowie aus der Tatsache, dass für eine Vielzahl wichtiger Aufgabenstellungen personalwirtschaftliches Fach-Know-how erforderlich ist, über das in der Regel Linien-Manager nicht verfügen und das entweder im eigenen Unternehmen generiert und/oder extern eingekauft wird.

Die nun in Abb. 7.1 genannten Beispiele einer möglichen Aufgabenteilung zwischen dezentraler Linienfunktion und zentraler Stabsfunktion personalwirtschaftlicher Aufgaben zeigen hierzu einen praktischen Ansatz auf.

Generell erscheint es daher sinnvoll, ein wie auch immer geartetes Kooperationsmodell zu präferieren, das je nach Unternehmen und ihren Spezifika das Zusammenwirken vom Personalbereich und der Line auszugestalten ist. Von daher kann es auch keine allgemeingültige Organisationsform für eine Personalabteilung geben.

Entscheidend an dieser Stelle ist deshalb die Antwort auf die eingangs dieses Abschnitts gestellte Frage, die da lautet:

- Welche personalwirtschaftlichen Funktionen werden seitens der Linie/Führungskraft wahrgenommen?

Eine mögliche Antwort hierauf kann anhand der in Abschn. 5.4 (Arbeitsteilung im HR-Management) vorgestellten Beispiele gegeben werden. Dies kann in der Form erfolgen,

7.2 Zusammenwirken zwischen Führungskraft und Personalbereich

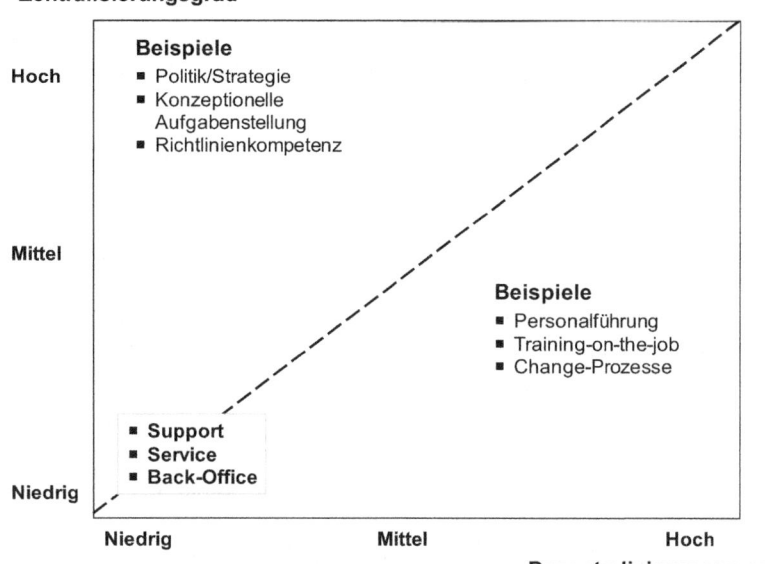

Abb. 7.1 Zentrale und dezentrale Aufgabenverteilung

dass eine Spezifizierung der genannten Kernprozesse gemeinsam zwischen dem HR-Bereich und der Linie vorgenommen wird. Am Beispiel (5), *Personalbeschaffung*, erfolgt dies nun exemplarisch, in dem hierzu einige wesentliche Aufgabenstellungen nun genannt werden:

- Anforderungsprofil für die zu besetzende Stelle
- Interne/Externe Stellenausschreibung
- Stellenanzeige
- Bewerbungssichtung
- Bewerberauswahl
- Einladungsschreiben
- Bewerbungsgespräche, ggf. Testverfahren
- Auswahlverfahren
- Entscheidung über Einstellung
- Medizinische Untersuchungen
- Arbeitsvertrag.

Diese können nach dem folgenden Raster in einem ersten Schritt spezifiziert werden.

Empfehlung: Hierbei kann eine Festlegung der einzelnen Arbeitsschritte nach der bekannten „7-W-Fragen-Formel" unterstützend helfen, die jeweils beispielhaft erläutert wird:

WER: Wer sind die Entscheider beziehungsweise Umsetzer?
WOZU: Welche(r) Zielsetzung/Zweck soll erreicht werden?

WAS:	Was ist die konkrete Aufgabenstellung in Kurzfassung?
WOMIT:	Welche Methoden, Führungsinstrumente können eingesetzt werden?
WONACH:	Welche internen Richtlinien oder Bestimmungen sind zu berücksichtigen?
WO:	An welchem Platz/Standort erfolgt die Umsetzung?
WANN:	Zeitpunkt, Dauer der eigentlichen Aufgabe und Prozessdauer insgesamt.

Dass ein solches Raster natürlich nur bedingt genutzt werden kann und auch nicht auf alle Fragestellungen anwendbar ist, bedarf keiner weiteren Ausführung. Es kann jedoch gerade in wichtigen Fragestellungen Transparenz für alle Beteiligten und Eindeutigkeit in der Kompetenzverteilung vermitteln, zumal es vor allem ein einfaches und praktisches Vorgehen unterstützen kann.

Empfehlung: Ein weiterer Ansatz in der Zusammenarbeit zwischen der Linie/Führungskraft und dem Personalbereich ist, sich in strategischen und konzeptionellen Fragestellungen mindestens einmal im Jahr auszutauschen, um zum einen die generellen Anforderungen an die Personalabteilung festzulegen und zum anderen die konkrete Zusammenarbeit auf den Prüfstand zu stellen.

Das trägt erheblich auch dazu bei, dass beide Seiten keine falschen Erwartungen an die andere Seite am Ende eines Geschäftsjahres reklamieren. Als eine Arbeitsunterlage hierfür kann die in Abschn. 5.2 (Integrativer Modellansatz) vorgestellte Systematik anhand der Abb. 5.3 (Systematik im Personalmanagement) dienen.

Je nach unternehmensspezifischer Situation können zunächst die für am wichtigsten gehaltenen Kernprozesse sowie Querschnittsfunktionen bestimmt werden. Um im vorliegenden Beispiel zu bleiben, sind diese zum einen die sechs immer wiederkehrenden Kernprozesse entsprechend dem zeitlichen Ablauf vom Eintritt in ein Unternehmen bis zum Austritt, und zum anderen die in der Regel am meisten vorkommenden Querschnittsfunktionen gemäß zuvor genannter „Systematik im Personalmanagement".

Im nächsten Schritt besteht dann die Möglichkeit, gemeinsam die Handlungsfelder für das kommende Geschäftsjahr mit entsprechender Prioritätenskala festzulegen.

Eine solche Matrix kann wie eine Landkarte genutzt werden, die sowohl den Weg aufzeigt als auch die Notwendigkeit eines ganzheitlichen Ansatzes im Zeitablauf zum Ausdruck bringt.

Empfehlung: Als einen weiteren Vorschlag zur Intensivierung einer Zusammenarbeit zwischen dem Personalbereich und der Linie kann die Ermittlung eines HR-Portfolios für das Unternehmen oder speziell für einen Geschäftsbereich dienen. Hierfür werden verschiedene HR-Instrumente/Führungssysteme hinsichtlich ihres

- Nutzen für den Kunden und
- Handlungsbedarfs aus Sicht der Linienmanager in Beziehung gesetzt.

Eine solche Einschätzung wird in der Abb. 7.2 wiedergegeben, wobei es sich um ein mögliches Beispiel eines Unternehmens handelt.

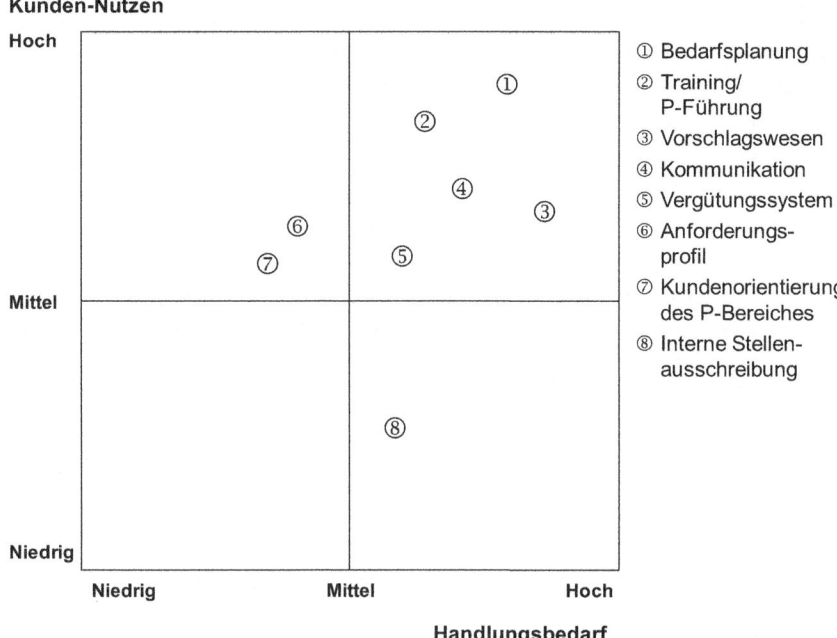

Abb. 7.2 Mögliches HR-Portfolio eines Unternehmens

Die Zahlenreihenfolge zeigt gleichzeitig die Priorität hinsichtlich des Handlungsbedarfs und damit auch die Umsetzungsabfolge an. Interessant in diesem Zusammenhang sind darüber hinaus folgende Ergebnisse für den Leser:

- Der mit der Durchführung des Workshops verbundene Zeitaufwand einschließlich Vor- und Nachbereitung, wurde von fast allen Beteiligten immer wieder überschätzt.
- Die zu Anfang bestehenden individuellen Vorstellungen der Workshop-Teilnehmer lagen oft am Anfang diametral zum späteren Gesamtergebnis, woran alle gemeinsam mitgewirkt haben, auseinander.
- Die gemeinsam festgelegten Handlungsergebnisse wurden von fast allen Beteiligten als optimal für die bestehende Situation hinsichtlich der Personalarbeit im Unternehmen angesehen.

Empfehlung: An dieser Stelle ist es sinnvoll, kurz auf das Zustandekommen der beiden Ergebnisse hinsichtlich der Ermittlung von Handlungsfeldern sowie das Entwickeln eines HR-Portfolios für ein Unternehmen/Geschäftsbereich einzugehen, um sich ein Bild für die eigene Situation im Bedarfsfall machen zu können.

Denn der hierzu erforderliche Aufwand (Zeit und Kosten) bedarf naturgemäß entsprechender Vorarbeiten, wie auch die Linie im Vorfeld davon zu überzeugen, dass es sich hierbei um eine für das Unternehmen wertschöpfende Maßnahme handelt, die selbstverständlich einer gewissen Vorlaufzeit bedarf, bis sie sich für das Unternehmen betriebswirtschaftlich positiv auswirkt.

Natürlich muss an dieser Stelle auch über die oft anzutreffende Reserviertheit gerade von Linienverantwortlichen gesprochen werden, die auf Grund ihrer Erfahrungen zunächst eine solche Veranstaltung, wie der oben angesprochene Workshop, als reine Zeitverschwendung ansehen. Von daher ist es umso wichtiger, ein solches Treffen professionell vorzubereiten. Denn dann stellt sich der Erfolg in der Regel mit hoher Wahrscheinlichkeit auch ein.

Eine Vielzahl dieser Art von stets produktivem Zusammenwirken zwischen Linie und Personalbereich und die damit verbundenen nutzbringenden Erfahrungen konnte der Autor oft erleben.

Fasst man die drei Ansätze

- Festlegung einer Arbeitsteilung der Personalarbeit zwischen Linie und HR-Bereich,
- Bestimmung der wichtigsten Handlungsfelder in der Personalarbeit eines Unternehmens/Geschäftsbereiches sowie
- Bestimmung eines HR-Portfolios für ein Unternehmen/Geschäftsbereich

hinsichtlich ihrer möglichen Auswirkungen auf die praktische Personalarbeit im Unternehmen zusammen, so lassen sich im Ergebnis Folgendes hervorheben.

10 wichtige Erfahrungswerte im Sinne von Handlungsempfehlungen
- Transparenz der bestehenden HR-Leistungsprozesse in den einzelnen für wichtig gehaltenen Kernfunktionen soweit wie möglich herstellen
- Aktives und vor allem rechtzeitiges Einbinden der Linie in konzeptionell relevanten Fragestellungen des Personalmanagements praktizieren
- Unternehmens-/Geschäftsfeldbezogene Ziele im Rahmen der Personalarbeit auf gemeinsamer Augenhöhe zwischen Linie und Personalbereich vereinbaren
- Einbeziehen der Unternehmens-/Bereichs-Strategie in die Personalarbeit hinsichtlich operativer und konzeptioneller Zielgrößen
- Notwendigkeit der Ermittlung seitens der beiden Seiten (Linie und HR-Bereich) zur Priorisierung der oft für gleichwichtig erachteten Handlungsfelder, vermitteln, nicht zuletzt unter Kapazitäts- und Kostengründen
- Jährliches Ausrichten der Dienstleistungen des HR-Bereiches an den Linienanforderungen festlegen
- Ressourcen-Ermittlung und deren Verteilung unter geschäftspolitischen und ökonomisch ausschlaggebenden Faktoren zwecks anschließender Entscheidung seitens der Unternehmens-/Geschäftsführung vornehmen
- Messung und Bewertung ausgewählter HR-Leistungsprozesse sowie der Personalführung festlegen

7.2 Zusammenwirken zwischen Führungskraft und Personalbereich

- Führungskräfte nutzen aktive Personalarbeit als einen wesentlichen Erfolgsfaktor ihres Verantwortungsbereiches, was in ihrer Beurteilung auch zum Ausdruck gebracht wird
- Die Personalarbeit erhält den erforderlichen produktivitätsfördernden Stellenwert im Unternehmen, der für einen langfristigen Geschäftserfolg mitentscheidend ist, und zwar seitens der Geschäfts-/Unternehmensführung.

Empfehlung: Ein daraus abgeleiteter Bewertungsbogen für die eigene Situation ermöglicht, und zwar ohne großen Aufwand und relativ schnell, eine eigene Standortbestimmung vorzunehmen. Dabei genügt es oft schon, sich nur einige Ergebnisse obiger Erfahrungswerte vorzunehmen und mit der eigenen Situation zu vergleichen. In der Regel ist man überrascht, zu welchen ersten Ergebnissen beziehungsweise Erkenntnissen sowie eigenen Rückschlüsse man kommen kann.

Dass es Unternehmen gibt, die in sieben oder mitunter auch mehr der oben genannten Punkte (10 wichtige Erfahrungswerte) eine positive Übereinstimmung mit ihrer eigenen Situation sehen, sei nur der Information halber angemerkt.

Ist nun eine Standort- und Zielbestimmung im Wesentlichen abgeschlossen, fügen sich daran bekanntermaßen die Umsetzungsarbeiten an. Sie stellen naturgemäß den größeren Aufwand (Kosten wie Zeit) dar und zeigen sehr deutlich, dass sich gerade der Satz „In der Umsetzung liegt der Schlüssel zum Erfolg" stets von neuem bestätigt wird.

Und genau an dieser Stelle schließt sich der Kreis zu dem in Kap. 3 „Personalarbeit zwischen Wunsch und Wirklichkeit" aufgezeigtem Defizit zwischen Anspruch an eine zukunftsorientierte Personalarbeit und der in alljährlich durchgeführten Untersuchungen festgestellten Wirklichkeit.

Die daraus abgeleitete **Empfehlung** kann daher wie folgt lauten:

- Einen hohen Grad an Verbindlichkeit der Umsetzungsmaßnahmen herstellen,
- Transparentes Vorgehen und Kommunizieren beschlossener Maßnahmen und deren jeweilige Realisierung von Anfang an festlegen,
- Schrittweise Umsetzung der priorisierten Handlungsfelder mit der Möglichkeit praxisbedingter Anpassungen vornehmen zu können,
- Rechtzeitiges Adjustieren von Konzeptionen und Instrumenten bei entsprechend gemachten Erfahrungen im Zeitablauf,
- Praktikabilität als Maßstab von Anfang an mit zu berücksichtigen,

um damit von vornherein den Erfolg der Umsetzung in den Vordergrund zu stellen und nicht das oft überbetonte Design.

7.3 Personalführung – ein wesentlicher Teil der Personalarbeit im Unternehmen

Wenn man die Gesamtheit der Personalarbeit eines Unternehmens wie ein Markenzeichen betrachtet, dann kann man die Personalführung eines Vorgesetzten wie seine „Führungs-Visitenkarte" ansehen. Denn nur wenn es gelingt, das Verständnis um den erforderlichen Stellenwert der Personalarbeit für den nachhaltigen Unternehmenserfolg im Unternehmen zu positionieren, beginnend mit der Unternehmens-/Geschäftsführung, wird die Personalführungsaufgabe eines Vorgesetzten entsprechend eingefordert und damit letztlich auch gefördert.

So wird die Relevanz effektiver Mitarbeiterführung für den Unternehmenserfolg nach wie vor auf breiter Front in der deutschen Wirtschaft unterschätzt, und dies trotz jährlich wiederkehrender Untersuchungsergebnisse auf internationaler und nationaler Basis. Allein der ökonomische Verlust, der jährlich dadurch entsteht, hat jedoch noch zu keinem entscheidenden Umdenken und Handeln in größerem Umfang in den letzten Jahren geführt. Von daher gewinnt die Aussage

„Schätzungen von verschiedenen Seiten legen die Vermutung nahe, dass ca. die Hälfte aller ernsthaften Probleme oder Krisen, in die Unternehmen geraten, allein auf nachhaltige F.(ührung) in der Mitarbeiterführung zurückgeführt werden kann. Von daher ist die Unterstützung und Stärkung der Führungsfähigkeiten aller Führungs- und Führungsnachwuchskräfte im Unternehmen ein sehr wichtiges, unverzichtbares personalpolitisches Anliegen." (Buchensender und Strutz 2005), gerade an dieser Stelle des Buches seine besondere Bedeutung für das Denken und Handeln eines jeden Vorgesetzten, da es hier in erster Linie um die Erforderlichkeit effektiver Personalführung geht.

Auf der anderen Seite muss jedoch auch festgestellt werden, dass die meisten führungstheoretischen Ansätze stets nur einen bedingten Bezug zur Praxis haben, beziehungsweise auch in der Praxis – wenn überhaupt – dann oft nur bedingt umsetzbar sind.

In diesem Zusammenhang stehen auch die immer wieder geführten Diskussionen über den „richtigen" Führungsstil. Doch bleibt auch hier nur eine Erkenntnis besonders hervorzuheben: Es gibt nicht den allein „richtigen" Führungsstil. Denn

„Der Schlüssel zum erfolgreichen Führen liegt in erster Linie in einem selbst:

- seinen realistisch eingeschätzten Fähigkeiten,
- seinen Neigungen im Umgang mit Menschen, und vor allem in
- seinem Willen zur Umsetzung bzw. Realisierung gesteckter Ziele, sowie
- in der Bereitschaft und Fähigkeit, Verantwortung zu übernehmen." (Hölzerkopf 2005)

Vor diesem Hintergrund stellt sich naturgemäß die Frage: „Was sind nun die generellen Aufgabenstellungen einer Führungskraft in Bezug auf die Mitarbeiterführung?"

Zur besseren Übersichtlichkeit werden einzelne Aufgaben hierzu in Stichworten wiedergegeben, die auch nur eine Auswahl möglicher Anforderungen darstellen können, wie zum Beispiel:

7.3 Personalführung – ein wesentlicher Teil der Personalarbeit im Unternehmen

- Aufgaben- und leistungsbezogene Ziele vereinbaren, wenn möglich quantitativ und qualitativer Art;
- Mitarbeitergespräche aus unterschiedlichen Anlässen, wie sie zum Beispiel bei Neueintritt von Mitarbeitern oder bei besonderem Leistungsabfall eines Mitarbeiters jeweils zeitnah zu führen sind;
- Mitarbeiter in ihren Fähigkeiten aufgabenbezogen fördern;
- Einführung von neuen Mitarbeitern, beginnend mit den entsprechenden Vorbereitungsmaßnahmen über Einführung in die neue Aufgabe bis hin zum ersten Feedback-Gespräch;
- Erstellung und Durchführung von Beurteilungen einschließlich der Nachbearbeitungen;
- Produktivitätsförderndes Arbeitsklima im Bereich, in der Gruppe, Team oder Projekt, herstellen und weiterentwickeln;
- Die Personalentwicklung einzelner Mitarbeiter aktiv fördern;
- Mitarbeiter rechtzeitig und in der jeweiligen Situation angemessen informieren;
- Bestehende Führungsgrundsätze des Unternehmens, sofern vorhanden, aktiv praktizieren.

Dass es sich hierbei nur um einen Ausschnitt der unterschiedlichen Tätigkeiten im Zusammenhang mit der Mitarbeiterführung handeln kann, sei der Vollständigkeit halber nochmals kurz erwähnt. Was jedoch diese Beispiele sehr deutlich zeigen, sind die damit implizit erforderlichen Fähigkeiten unterschiedlichster Art seitens des Vorgesetzten beziehungsweise der Führungskraft.

Diese sind zusammengefasst neben der

- Fachkompetenz vor allem die
- personale und soziale Kompetenz sowie die
- Arbeits-Organisations-Kompetenz,

wie zuvor in Abschn. 6.6. „Mitarbeiterführung" im Einzelnen ausgeführt ist. Deshalb nun einige Empfehlungen zunächst zu dem immer wichtiger werdenden Anteil einer Führungsbefähigung der „personalen und sozialen Kompetenz".

Empfehlung: Da Führung immer Ausdruck der eigenen Einstellung und Werthaltung ist, stellt sich für jede Führungskraft immer wieder die Frage nach der eigenen Identität beziehungsweise nach seinem eigenen Rollenverständnis im Hinblick auf seine Mitarbeiterführungsaufgabe. Oft besteht ein diffuses Selbstbild der eigenen Rolle, zumal wenn der Betroffene unterschiedliche Funktionen wahrnimmt, zum Beispiel, wenn er als Abteilungsleiter gleichzeitig Leiter eines Projektes und darüber hinaus Mitglied in einem Koordinierungsausschuss ist.

Gleiches trifft auch oft bei einem Aufgaben- bzw. Funktionswechsel zu, wenn mit gleicher Führungsmethodik wie bisher gearbeitet wird, aber sich oft nicht die gleichen Führungserfolge hinsichtlich der Zusammenarbeit mit dem neuen Team einstellen, wie sie bisher erzielt wurden.

Das ist dann sehr oft damit verbunden, dass die Mitarbeiter das Handeln ihres Vorgesetzten häufig als unberechenbar ansehen bis hin zu einer Nicht-Verlässlichkeit, was häufig zur Demotivation führt, einhergehend mit sinkender Arbeitsproduktivität. Von daher müsste geradezu ein großes Interesse seitens eines Vorgesetzten bestehen, ein produktivitätsförderndes Arbeitsklima zu schaffen.

Empfehlung: Folgende Fragestellungen können in diesem Zusammenhang nützlich sein, den eigenen Führungsstil zu reflektieren und gegebenenfalls zu verbessern:

- Nach welchen eigenen Grundsätzen beziehungsweise Prinzipien führe ich?
- Was sind die eigenen Erfolgs- wie auch Negativ-Parameter der praktischen Führung?
- Was sind die Erwartungen der Mitarbeiter im eigenen Verantwortungsbereich und inwieweit werden sie erfüllt?
- Nach welchen Regeln „organisiere" ich das eigene unmittelbare Arbeitsumfeld wie auch den eigenen Schreibtisch?
- Wie werden die wichtigsten Personalführungsaufgaben wie Anleitung und Förderung von Mitarbeitern, Beurteilungen, Qualifizierungsmaßnahmen etc. zeitlich im Jahreszeitraum geplant?
- Welche Ziele bestehen hinsichtlich der eigenen Personalführung, auch selbstgesteckte, und wie ist der Zielerreichungsgrad?
- Wie informiere ich die Mitarbeiter und welche Struktur besteht hierzu?
- Wie effizient und effektiv werden die „Meetings" geführt?

Empfehlung: Die zuvor genannten Fragen sich selbst einmal vorzunehmen und zu versuchen, sie kurz schriftlich zu beantworten, hilft dem Leser mitunter weitaus mehr, als wenn nun zu jeder Frage sozusagen ein Rezept folgen würde. Dies würde nicht nur dem Tenor dieses Buches widersprechen, getreu dem Motto „Führung ist nicht kopierbar", sondern soll auch der Überzeugung Rechnung tragen, dass der Schlüssel zur erfolgreichen Führung immer in einem selbst liegt.

Deshalb können Bücher, Seminare oder Veröffentlichungen zu diesem „weiten Feld der Führung" in erster Linie nur Anregungen, Hinweise oder Empfehlungen zum eigenen Denken und Handeln geben.

Damit soll ein weiterer wesentlicher Eckpfeiler erfolgreicher Mitarbeiterführung angesprochen werden, nämlich die Kommunikation. Denn neben einem verantwortungsvollen Umgang mit den beiden Ressourcen-Komponenten „Wissen und Zeit" wird die Kommunikation in ihrem Umfang, ihrer Notwendigkeit und Art und Weise enorm unterschätzt.

„Kommunikation ist keine Gnade oder Gabe, sondern Arbeit": Die oft zitierte Bemerkung, entweder habe man die Gabe zur Kommunikation oder nicht, ist eine Ausrede. Es liegt nirgendwo ein magischer Kommunikationsschlüssel vergraben. Kommunikationsstärke ist das Resultat harter Arbeit im Alltag, ständiger Auseinandersetzung mit sich und dem Gesprächspartner. Jede Person hat kommunikative Stärken. Es gilt, diese zu entdecken, zu stärken, bewusst einzusetzen und einen lebenslangen Prozess der Auseinandersetzung mit der eigenen Kommunikationshaltung in Gang zu setzen" (Nützi 2003).

7.3 Personalführung – ein wesentlicher Teil der Personalarbeit im Unternehmen

Dass die Transfers an innerbetrieblichem Wissen in den meisten Firmen in der Regel weit unter 50 % liegen, wird in den unterschiedlichsten Veröffentlichungen immer wieder publiziert. Und über die Ressourcen-Vergeudung der zur Verfügung stehenden Zeit ist fast monatlich ein Bericht beziehungsweise sind Untersuchungsergebnisse in den Medien zu lesen. Allein was schon die sogenannte „Meeting-Kultur" betrifft, und der damit oft (leider allzu oft) einhergehenden Ressourcen-Vergeudung, um nur ein Beispiel dafür zu nennen.

Wir leben zwar in einer immer mehr überbordenden Informationsfülle und meinen oft, dass eine Information/Mitteilung mit Kommunikation gleichgesetzt werden kann. Doch wird je nach Sachverhalt oft die hierzu erforderliche Kommunikation gar nicht erkannt oder mit dem allzu oft benutzten Argument „aus Zeitmangel hier eine kurze Mail" als erledigt angesehen.

„Dabei herrscht immer wieder folgender Irrtum vor: Menschliche Kommunikation unterliegt emotionalen Bedingungen und folgt nicht logischen Gesetzen. Das bedeutet unter anderem, dass je nach Kommunikationspartner eine unterschiedliche Kommunikationsebene besteht, die zwar nicht immer wieder neu hergestellt werden muss, die aber immer von der individuellen Situation, natürlich auch unter dem Zeitaspekt, gesehen werden muss. Denn gleiche Worte bedeuten nicht automatisch gleiches Kommunikationsergebnis. Immer wird das Erlebte, ob in verbaler oder nonverbaler Form, durch die jeweilige persönliche Brille aufgenommen und sofort bewertet" (Hölzerkopf 2005).

Empfehlung: Getreu nach dem Motto: „Kommunikation hängt immer von dem Wohlwollen des anderen ab", empfiehlt es sich, von Zeit zu Zeit sich Folgendes vor Augen zu führen:

- Das eigene Kommunikationsverhalten ist nicht nur Ausdruck eigener Werthaltung (Wertschätzung) dem anderen gegenüber, sondern auch immer
- eine Form eigener Dialogbereitschaft und Dialogfähigkeit.

Beide Komponenten „Dialogbereitschaft und -fähigkeit" sind keine Selbstverständlichkeiten und werden in ihrer Bedeutung für Führungserfolg in den meisten Fällen nicht nur unterschätzt, sondern auch vielfach falsch eingeschätzt.

Zwei praktische Beispiele verdeutlichen dies immer wieder: Im Rahmen von Projektsteuerungen wird die Komponente „erforderliche Kommunikation" und die damit verbundene Zeitkomponente häufig dann stark reduziert oder oft auch „vertagt", wenn es eng wird im Projektablauf.

Das zweite Beispiel ist die Tatsache, dass im Rahmen von Re-Organisationen und der damit oft einhergehenden Reduzierung von Führungsebenen gerade der Kommunikationsbedarf einen weitaus größeren Raum einnehmen muss als zuvor, worüber sich viele im Vorhinein gar nicht bewusst sind.

Häufig entsteht aus der Tatsache einer zu unprofessionellen Kommunikation der Rückschluss, nicht genügend Zeit dafür aufgebracht zu haben. Doch Kommunikation lässt sich ebenfalls auch nach den Kriterien der Effektivität und Effizienz differenzieren. Und wenn man sich in diesem Zusammenhang immer wieder die Frage stellt: Was ist wann und in welcher Form (Art und Weise) zu kommunizieren, dann gewinnt man ein zunehmend besseres Einschätzungsvermögen, welche Wege der Kommunikation im Einzelfall die produktivste Form darstellen kann.

Empfehlung: Stellt man nun diese einzelnen Prinzipien den in Abschn. 6.3 aufgeführten Personalaufgaben eines Vorgesetzten gegenüber, dann ist sofort die Relevanz für ein produktivitätsförderndes Arbeitsklima in der Kommunikation erkennbar. Ein praktisches Beispiel, das als ein „durchschnittliches" Ergebnis im Rahmen von Arbeitsstudien in Unternehmen ermittelt wurde, kann dabei helfen. Es verdeutlicht die zum Teil erheblichen Differenzen zwischen dem ermittelten Soll an Kommunikationsbedarf und der tatsächlich erfolgten Kommunikation wie folgt:

Mögliche Mitarbeiter-Führungsaufgabe	Kommunikationsbedarf/ Erforderlichkeit					
	Niedrig		Mittel		Hoch	
	Ist	Soll	Ist	Soll	Ist	Soll
Treffen von Zielvereinbarungen			●	x		
Beurteilung vornehmen	●					x
Durchführung von Re-Organisationsmaßnahmen			●			x
Konfliktlösung im Team	●					x
Neueintritt eines Mitarbeiters	●	x				

Empfehlung: Sich in Form einer Analogie aus dem Bereich der Technik vorzustellen, wie Kommunikation generell betrachtet werden kann, um sich damit deren Stellenwert (Kommunikation) auch plastisch vor Augen zu führen: Kommunikation kann wie das Schmiermittel im täglichen Arbeitsprozess angesehen werden analog dem Schmiermittel im Motor eines Autos. Beides muss nicht nur immer wieder überprüft werden, sondern die Qualität des Schmierstoffes muss in beiden Fällen dann verbessert werden, wenn die Anforderungen, ohne gleich von erhöhtem Kompressionsdruck zu sprechen, steigen.

Literatur

Buchensender, Ulrich, und Hans Strutz. 2005. *Gabler Kompakt-Lexikon Personal*, 2. Aufl., 117. Wiesbaden.

Hölzerkopf, Gerhard. 2005. *Führung auf den Punkt gebracht.*, 169. Wiesbaden.

Nützi, Ruedi. 2003. *Am Anfang steht das Wort, Die eisernen Gebote der Kommunikation.*, 9. Zürich.

8. Ausblick und Proklamation zugleich

> **Zusammenfassung**
>
> In diesem abschließenden Kap. 8. Ausblick mit Empfehlungen wird zusammenfassend die nach wie vor oft unterschätzte Bedeutung des Personalwesens eines Unternehmens und der damit einhergehenden Führungsleistung, gerade aus der Sicht von Führungskräften, aus unterschiedlichen Blickwinkeln beschrieben. Dies ist ergänzend verbunden mit nützlichen Handlungsempfehlungen.
>
> Denn es „lohnt" sich, im wahrsten Sinne des Wortes, in die Personalarbeit im Unternehmen zu investieren. Dabei kommt es entscheidend darauf an, ob diese Investitionen zielgerichtet gesteuert werden, ganz im Sinne eines professionellen Führungsverständnisses, oder das oft verwendete Gießkannenprinzip in Personalfragen zur Anwendung kommt.

Die Personalarbeit ist per se immer eine Herausforderung für ein Unternehmen. Jedoch kann sie im Sinne des Unternehmenserfolgs nur dann erfolgreich realisiert werden, wenn dafür einige Voraussetzungen erfüllt sind, um damit die oft proklamierten Ziele einer zukunftsorientierten Personalarbeit im Sinne der Unternehmensziele auch aktiv umsetzen zu können.

> **Die wichtigsten Eckpunkte für eine erfolgreiche Personalarbeit**
> - **Unternehmensleitung/Geschäftsführung** muss ihre Linienmanager davon überzeugen wie auch dazu ergebnisorientiert verpflichten, dass sie als Führungskräfte für das Ergebnis der Personalarbeit/Personalführung in ihrem Zuständigkeitsbereich mitverantwortlich sind.

- Mit der Entscheidung der Unternehmens-/Geschäftsleitung, wer **HR-Leiter** wird, wird eine entscheidende Strukturfrage hinsichtlich der zukünftigen Ausrichtung der Personalarbeit sehr nachhaltig beeinflusst. Denn seine Gestaltungskraft ist mitentscheidend, wohin sich das Personalgeschäft im Unternehmen entwickelt, in eine proaktive oder eher reagierende, in eine dienstleistungsorientierte oder eher administrative Rolle.
- Die **Betriebsgröße** selbst ist für die Relevanz der Personalarbeit nicht entscheidend. Denn das lineare Denken „Je größer das Unternehmen, umso wichtiger ist die Personalarbeit im Unternehmen" ist in keinster Weise zutreffend und schon gar nicht wegweisend. Von daher ist jede Führungskraft in der Rolle als Vorgesetzter stets gefordert.
- **Führungskräfte** können ihrer Aufgabe als Vorgesetzte jedoch nur dann gerecht werden, wenn sie nicht nur Verantwortung reklamieren, sondern sie in der täglichen Praxis der Mitarbeiterführung im Sinne des Unternehmens auch qualifiziert wahrnehmen; das heißt auch, Führungsaufgaben in die eigene Organisationsplanung zeitlich mit einzuplanen.
- Entsprechend der im Buch aufgestellten Arbeitshypothese „**Personalarbeit ist nicht kopierbar**, sondern vor allem geprägt durch die Unternehmenskultur, die Geschäftsfelder, den vorherrschenden Führungsstil und das Selbstverständnis der Personaler im Unternehmen", bedarf es immer einer Gesamtsicht der an die Führungskraft delegierten Personal-Führungsaufgaben. Diese konkret im Rahmen von Zielvereinbarungen zu definieren, fördert die Leistungserstellung merklich.
- Die Quantifizierung der Personalarbeit wie auch die der Führungsleistung sollte anhand einiger relevanter (jeweils ausgewählter) Kenngrößen erfolgen; praktische Beispiele wurden hierzu in den vorangehenden Kapiteln genannt. Nicht die Menge der Kennzahlen ist Ausdruck fortschrittlicher Personalarbeit, sondern die Praktikabilität einer effektiven **Steuerung der Personalarbeit** sollte stets im Vordergrund stehen.

Anhand dieser zuletzt genannten Eckpunkte können folgende Empfehlungen für eine effektive Umsetzung abgeleitet werden:

1. Empfehlung Personalarbeit als eine Selbstverständlichkeit im Unternehmen zu verstehen und zu praktizieren und als Führungskraft aktiv daran mitzuwirken, sei es in direkter Personalführung oder im Zusammenwirken mit dem HR-Bereich.

Das hört sich im ersten Moment an wie eine Banalität. Jedoch zeigt sich immer wieder, dass für entscheidende Personalfragen, Personalkonzepte oder Entwickeln von Personalstrategien selten die erforderliche Zeit dafür eingeplant wird beziehungsweise gänzlich als nicht „vorhanden" bezeichnet wird.

8 Ausblick und Proklamation zugleich

Und genau dies ist Ausdruck für ein Ungleichgewicht zwischen Bedeutung der Personalarbeit für ein Unternehmen auf der einen Seite und der praktischen Handhabung auf der anderen Seite.

2. Empfehlung Personalarbeit ist ein langfristiges Geschäft, das zwar täglichen Anforderungen gerecht werden muss, sich aber oft in ihren Konsequenzen meist erst zeitversetzt niederschlägt.

Deshalb bedarf es immer eines langen Atems, bis sich erste Erfolge, zum Beispiel bei Einführung von HR-Instrumenten, einstellen. So kann ein neues und auch funktionierendes Beurteilungssystem oder eine neue Vergütungskonzeption weder mit Knopfdruck aus dem Internet „runtergeladen" und innerhalb von vier Wochen angewandt werden noch mit dem Tag der Fertigstellung der Konzeption am nächsten Tag schon wirken.

Vielmehr bedarf es einer effektiven Kommunikation, in welcher Form auch immer, seien es beispielsweise Trainings oder Informationsveranstaltungen, um eine erfolgreiche Umsetzung zu erreichen. Ein Punkt, der häufig unterschätzt wird.

3. Empfehlung Doch für solch einen Zeitaufwand wie auch entsprechenden Input sind oft nur Wenige bereit oder willens, sich auf solche, über ein Jahr hinausgehende Entwicklungen einzulassen.

Hierbei wird jedoch oft übersehen, dass sich diese Investments über Jahre hinweg in zunehmend verbesserten Leistungsergebnissen regelrecht „auszahlen".

Diese Chance für das Unternehmen zu nutzen, ist eben eine längerfristige Herausforderung und bedarf unter anderem eben eines entsprechend längeren „Atems", als es die Tagesarbeit in der Regel erfordert.

Natürlich ist dies keine Abwertung gegenüber der Tagesarbeit, die stets einen größeren Zeit- und Arbeitsaufwand erfordert. Nur sollte diese Tatsache nicht dazu führen, den längerfristigen Themenstellungen des Personalmanagements, und damit ist auch das Controlling der Personalarbeit gemeint, nicht den qualitativ erforderlichen Aufwand beizumessen.

4. Empfehlung Ein zu geringer Stellenwert der Personalarbeit ist mit einer der Gründe dafür, warum so viele gut gemeinte Konzeptionen im Personalmanagement entweder schnell „abgespeckt" oder gleich wieder in die Schublade gelegt werden.

Damit einhergehend mindern solche anfänglichen (negativen) Erfahrungen die Bereitschaft der Führungskräfte, sich zukünftig auf neue Personalkonzeptionen einzustellen.

Von daher empfiehlt es sich, den Anspruch an neue Konzepte beziehungsweise Personalinstrumente realistisch einzuschätzen und den Zeithorizont für die Umsetzung nicht zu kurz zu bemessen. Quartalsdenken hilft gerade hierbei in keinster Weise.

5. Empfehlung In die Personalarbeit zu investieren, lohnt sich vor allem immer dann, und zwar ganz im Sinne des Unternehmens und der Mitarbeiter, wenn:

- ein nachhaltiger beziehungsweise längerfristiger Geschäftserfolg angestrebt wird, was in der Regel der Fall ist,
- Personal als Leistungsfaktor mit investivem Charakter wie auch als Kostenfaktor betrachtet wird,
- Personalentwicklung als eine der vorrangigsten Aufgaben einer Führungskraft definiert wird und er eine produktive Mitarbeiterführung praktiziert,
- die Befähigung einer Führungskraft, Personal zu führen und zu motivieren, nicht qua Funktion als beherrscht vorausgesetzt werden darf, sondern hierzu in der Regel Qualifizierungsmaßnahmen erforderlich sind, ebenso wie es für andere Managementfunktionen, wie beispielsweise Controlling oder Finanzen, erforderlich ist.

Zum Ausklang dieses Buches gestatte mir der Leser eine persönliche Anmerkung:

In über 35 Jahren praktischer Erfahrungen zeigte sich immer wieder, dass erfolgreiche Personalarbeit geprägt ist durch die Einstellung der Handelnden, ihrem Willen zu einer zielgerichteten Umsetzung und der Bereitschaft wie auch der Fähigkeit, Verantwortung zu übernehmen. Dies entspricht genau der im Vorwort zitierten Aussage eines in Veröffentlichungen oft als Vorbild erwähnten Unternehmers: „Für ein Unternehmen Verantwortung zu tragen, ist ein Lebensstil."

Genauso wie die eingangs des Buches zitierte Aussage des ehemals überaus erfolgreichen Unternehmenslenkers von BMW, Eberhard von Kuenheim: „Vier Fünftel aller Managementprobleme sind mit Personalproblemen verknüpft."

Mit diesem Zitat wird der Titel dieses Buches „Personalarbeit – Markenzeichen eines Unternehmens" mit einem für alle sehr einprägsamen Beispiel aus der Unternehmenspraxis unterlegt.

Was liegt also näher, diese Herausforderungen aktiv zu gestalten und damit den Stellenwert professioneller Personalarbeit in die tägliche Arbeit als eine Selbstverständlichkeit zu integrieren, auch wenn es mitunter eines längeren Atems bedarf. Überaus positive Beispiele aus den unterschiedlichsten Bereichen in der Wirtschaft können einen jeden darin nur bestärken.

In diesem Sinne wünscht der Autor dem Leser ganz besonders viel Erfolg.

Anmerkung

Wenn Sie Fragen haben beziehungsweise weitere Informationen zu speziellen Themenstellungen wünschen, so werden diese gerne vom Autor beantwortet.

Bitte senden Sie Ihre E-Mail an:
persmark@t-online.de

Herzlichen Dank.

Literatur-Empfehlungen

Buchenbender, Ulrich, und Hans Strutz. 2005. *Gabler Kompakt-Lexikon Personal*, 2. Aufl., Wiesbaden.

Campus Management, Band 1 und 2, Frankfurt am Main 2003.

Drucker, Peter F. 1999. *Management im 21. Jahrhundert*. München.

Drucker, Peter F. 1999. *Die Kunst des Managements*. München.

Feix, Wilfried E. 2000. *PERSONAL. Visionen und Strategien erfolgreicher Personalarbeit*. Bd. 1991. Frankfurt am Main – Wiesbaden.

Gmür, Markus, und Jean-Paul Thommen. 2007. *Human Ressource Management, Strategien und Instrumente für Führungskräfte und das Personalmanagement*, 2. Aufl., Zürich.

Harvard Businessmanager, Spezial, Führung, Was gutes Management ausmacht, April 2004.

Harvard Businessmanager, Spezial, Motivation, Was Manager und Mitarbeiter antreibt, April 2003.

Herrhausen, Alfred. 1992. *Denken, Ordnen, Gestalten, Reden und Aufsätze*. München.

Hilb, Martin. 2000. *Transnationales Management der Human-Ressourcen, Das Modell des Glocalpreneuring*. Neuwied, Kriftel.

Hilb, Martin. 2008. *Integriertes Personalmanagement Ziele – Strategien – Instrumente*, 17. Aufl., Köln.

Hölzerkopf, Gerhard. 1998. *Personalarbeit mit System, Potentiale nutzen – Meßbarkeit sichern*. Wiesbaden.

Hölzerkopf, Gerhard. 2005. *Führung auf den Punkt gebracht – Praktische Handreichungen und Empfehlungen*. Wiesbaden.

Jung. 2006. *Personalwirtschaft*, 7. Aufl., München.

Kübel, Rolf. 1990. *Ressource Mensch, Erfolg durch Individualität*. München.

Little, Arthur D. (Hrsg.). 1996. *Management im vernetzten Unternehmen*. Wiesbaden.

Nützi, Ruedi. 2003. *Am Anfang steht das Wort, Die eisernen Gebote der Kommunikation*. Zürich.

Oertig, Marcel (Hrsg.). 2007. *Neue Geschäftsmodelle für das Personalmanagement, Von der Kostenoptimierung zur nachhaltigen Wertsteigerung*, 2. Aufl., Köln.

Pelz, Waldemar. 2004. *Kompetent führen*. Wiesbaden.

Scholz, Christian. 1999. *Innovative Personalorganisation*. Neuwied, Kriftel/Ts. – Berlin.

Weber, Jürgen, und Utz Schäffler. 1999. *Balanced Scorecard & Controlling, Implementierung – Nutzen für Manager und Controller – Erfahrungen in deutschen Unternehmen*. Wiesbaden.

Wunderer, und Kuhn (Hrsg.). 1995. *Innovatives Personalmanagement, Theorie und Praxis unternehmerischer Personalarbeit*. Neuwied – Kriftel – Berlin.

Wunderer, Rolf, und Petra Dick. 2007. *Personalmanagement Quo Vadis? Analysen und Prognosen zu Entwicklungstrends*, 5. Aufl., Köln.

The manufacturer's authorised representative in the EU is Springer Nature Customer Service Centre GmbH, Europaplatz 3, 69115 Heidelberg, Germany. If you have any concerns regarding our products, please contact ProductSafety@springernature.com

Printed and bound by CPI Group (UK) Ltd, Croydon, CR0 4YY
25/03/2026
02078195-0018